I0503647

BOURSE

Maîtriser l'art de la création de richesse grâce à des
stratégies éprouvées et des techniques éprouvées

Résumé: « L'art du marché boursier » est un guide complet pour maîtriser le monde de l'investissement et du trading d'actions. Ce livre couvre des sujets essentiels, notamment la compréhension du paysage boursier, les stratégies de sélection de titres, les techniques de négociation avancées, la construction d'un portefeuille diversifié et la maîtrise de la psychologie du marché. Il explore également des concepts plus avancés, tels que le timing du marché, les investissements fiscalement intelligents et la génération de revenus passifs. Que vous soyez un investisseur débutant ou expérimenté, ce livre vous fournira les outils et les connaissances nécessaires pour réussir financièrement sur le marché boursier.

Chapitre 1 : Les fondements du succès

1.1 Comprendre le paysage boursier

Le marché boursier est un écosystème complexe et dynamique, où les entreprises émettent des actions de leur propriété qui sont achetées, vendues et négociées par les investisseurs. Ces transactions ont lieu sur diverses bourses à travers le monde, telles que la Bourse de New York (NYSE) et le NASDAQ. Le paysage boursier peut être intimidant pour les débutants, mais en le décomposant en ses composants de base, il devient plus facile à saisir.

Pour comprendre le paysage boursier, il est essentiel de se familiariser avec les aspects suivants :

1. Participants au marché: Le marché boursier se compose d'une variété d'acteurs, y compris les investisseurs individuels, les investisseurs institutionnels, les fonds spéculatifs et les teneurs de marché. Ces participants achètent et vendent des actions, ce qui a un impact sur le sentiment général du marché et les mouvements de prix.

2. Bourses: Les actions sont négociées sur les bourses, qui sont des plates-formes qui facilitent

les transactions entre acheteurs et vendeurs. Les principales bourses comprennent le NYSE, le NASDAQ, la Bourse de Londres (LSE) et la Bourse de Tokyo (TSE), entre autres.

3. Indices boursiers : Les indices sont créés pour représenter la performance globale d'un marché ou d'un secteur particulier. Ils sont composés d'un groupe restreint d'actions qui donnent un aperçu des tendances du marché. Parmi les indices bien connus, citons le S & P 500, le Dow Jones Industrial Average (DJIA) et le NASDAQ Composite.

4. Capitalisation boursière : La capitalisation boursière d'une société est calculée en multipliant le nombre total d'actions en circulation par le prix actuel par action. Cette mesure aide les investisseurs à déterminer la taille et la valeur d'une entreprise, ce qui peut être utile pour comparer les entreprises d'un même secteur.

5. Secteurs boursiers et industries: Les actions sont souvent classées en secteurs en fonction de l'industrie dans laquelle l'entreprise opère. Les secteurs communs comprennent la technologie, les soins de santé, la finance, l'énergie et les biens de consommation. Comprendre ces secteurs peut vous aider à diversifier votre portefeuille et à identifier les opportunités d'investissement potentielles.

6. Tickers et symboles boursiers: Chaque action est identifiée par un symbole boursier unique, qui est une série de lettres utilisées pour la différencier des autres actions. Ces symboles permettent aux investisseurs et aux traders de suivre et d'analyser plus facilement les actions.

En vous familiarisant avec ces éléments clés du paysage boursier, vous serez mieux équipé pour naviguer dans le monde de l'investissement et développer une base solide pour réussir.

1.2 Développer un état d'esprit gagnant

Pour prospérer sur le marché boursier, il est crucial de développer un état d'esprit gagnant qui vous permet de prendre des décisions éclairées et de rester discipliné malgré les fluctuations du marché. Cultiver un état d'esprit gagnant implique les principes clés suivants:

1. Fixez-vous des objectifs clairs : L'établissement d'objectifs spécifiques, mesurables, réalisables, pertinents et limités dans le temps (SMART) est le fondement d'un état d'esprit gagnant. Ces objectifs vous aident à rester concentré sur vos objectifs de placement et fournissent un point de référence pour mesurer vos progrès. Assurez-vous de revoir et d'ajuster périodiquement vos objectifs pour refléter l'évolution de votre situation et de vos priorités.

2. Adoptez l'apprentissage continu: Le marché boursier est en constante évolution et les investisseurs prospères ne cessent jamais d'apprendre. Restez informé des tendances du marché, des nouvelles opportunités d'investissement et des changements dans le paysage économique. Soyez ouvert à apprendre de vos erreurs et cherchez continuellement à améliorer vos connaissances et vos compétences.

3. Développer l'intelligence émotionnelle: Investir dans le marché boursier peut être une montagne russe émotionnelle. Développer l'intelligence émotionnelle vous permet de reconnaître et de gérer vos émotions, en les empêchant d'obscurcir votre jugement. Apprenez à maintenir une perspective rationnelle et évitez les décisions impulsives basées sur la peur ou la cupidité.

4. Maintenez la discipline : Un état d'esprit gagnant exige de la discipline et de la cohérence dans votre approche de placement. Tenez-vous-en à vos stratégies prédéterminées et à vos lignes directrices en matière de gestion des risques, même lorsque le marché est volatil ou vous incite à vous écarter de votre plan. La patience et la persévérance sont essentielles au succès à long terme.

5. Adaptabilité : La capacité de s'adapter aux conditions changeantes du marché est la marque d'un état d'esprit gagnant. Soyez ouvert à la réévaluation de vos stratégies et à l'ajustement de votre portefeuille au besoin. Cette flexibilité vous aidera à tirer parti des nouvelles opportunités et à minimiser les pertes potentielles.

6. Cultiver une perspective à long terme : Les investisseurs qui réussissent se concentrent souvent

sur les gains à long terme plutôt que sur les fluctuations à court terme. L'adoption d'une perspective à long terme vous permet de faire face à la volatilité des marchés et d'éviter de prendre des décisions hâtives basées sur des revers temporaires.

7. Restez confiant mais humble : La confiance est essentielle pour prendre des décisions d'investissement, mais un excès de confiance peut entraîner des erreurs coûteuses. Développez un équilibre sain entre l'assurance et l'humilité en reconnaissant vos limites et en demandant conseil à des sources fiables au besoin.

En cultivant un état d'esprit gagnant, vous serez mieux équipé pour relever les défis du marché boursier et prendre des décisions éclairées qui mèneront finalement au succès financier.

1.3 Évaluation de votre tolérance au risque

Comprendre votre tolérance au risque est un élément crucial dans l'élaboration d'une stratégie de placement réussie. La tolérance au risque fait référence à la quantité de risque que vous êtes prêt à accepter dans la poursuite de rendements potentiels. Cela varie d'une personne à l'autre et est influencé par des facteurs tels que l'âge, les objectifs financiers et l'expérience en investissement. L'évaluation de votre tolérance au risque vous aide à créer un portefeuille de placements équilibré qui correspond à votre niveau de confort et à vos objectifs de placement.

Pour évaluer votre tolérance au risque, envisagez les étapes suivantes :

1. Évaluez vos objectifs financiers : Déterminez vos objectifs financiers à court et à long terme, comme épargner pour une maison, financer les études de votre enfant ou vous préparer à la retraite. Connaître vos objectifs vous aidera à évaluer le niveau de risque que vous êtes prêt à prendre pour les atteindre.

2. Examinez votre horizon temporel de placement : Votre horizon temporel est la période entre votre investissement initial et le moment où vous devez accéder aux fonds. En général, un horizon temporel plus long permet une plus grande tolérance au

risque, car il donne plus de temps pour se remettre des pertes potentielles.

3. Analysez votre situation financière : Tenez compte de votre situation financière actuelle, y compris vos revenus, vos dépenses, vos économies et vos dettes. Une base financière solide peut permettre une plus grande tolérance au risque, tandis qu'un endettement important ou une épargne limitée peuvent justifier une approche plus conservatrice.

4. Réfléchissez à votre expérience de placement : Votre connaissance des différents types de placements et de vos expériences passées peut influer sur votre tolérance au risque. Si vous avez réussi à naviguer dans les fluctuations du marché dans le passé, vous pourriez être plus à l'aise de prendre des investissements plus risqués.

5. Évaluez votre réaction émotionnelle au risque : Évaluez comment vous gérez le stress et l'incertitude, car ces émotions accompagnent souvent les risques d'investissement. Êtes-vous enclin à prendre des décisions impulsives basées sur la peur ou l'anxiété? Si c'est le cas, une tolérance au risque plus faible peut vous convenir.

Une fois que vous avez évalué votre tolérance au risque, vous pouvez utiliser cette information pour constituer un portefeuille diversifié adapté à vos besoins et préférences spécifiques. Cela peut impliquer l'allocation d'un certain pourcentage de vos actifs à des actions, des obligations et d'autres véhicules de placement en fonction de votre tolérance au risque et de vos objectifs financiers. En examinant attentivement votre tolérance au risque, vous pouvez prendre des décisions de placement plus éclairées et augmenter vos chances de réussite financière à long terme.

1.4 Élaboration de votre plan de placement personnel

La création d'un plan d'investissement personnel est essentielle pour fixer des objectifs clairs, établir une stratégie de placement appropriée et rester sur la bonne voie vers la réussite financière. Votre plan d'investissement doit refléter votre tolérance au risque, vos objectifs financiers et votre horizon temporel. Voici les étapes à suivre pour élaborer votre plan d'investissement personnel :

1. Définissez vos objectifs financiers : Commencez par énoncer clairement vos objectifs financiers à court, moyen et long terme. Soyez précis, mesurable et réaliste, et attribuez un délai à chaque objectif. Des exemples d'objectifs financiers comprennent l'épargne pour une mise de fonds sur une maison, le financement des études collégiales d'un enfant ou la constitution d'un pécule de retraite.

2. Évaluez votre tolérance au risque : Comme nous l'avons mentionné à la section 1.3, déterminez votre tolérance au risque en tenant compte de facteurs tels que votre expérience en matière de placement, votre situation financière et votre réaction émotionnelle au risque. Votre tolérance au risque guidera vos choix de placement et vous aidera à créer un portefeuille équilibré.

3. Déterminez votre horizon de placement : Établissez un échéancier pour chaque objectif financier. Cela vous aidera à choisir des véhicules et des stratégies d'investissement appropriés. En général, un horizon temporel plus long permet une plus grande prise de risques, tandis que des horizons temporels plus courts peuvent nécessiter une approche plus conservatrice.

4. Choisissez vos véhicules de placement : En fonction de votre tolérance au risque et de votre horizon temporel, choisissez une combinaison de véhicules de placement tels que des actions, des obligations, des fonds communs de placement, des fonds négociés en bourse (FNB) et d'autres titres. Diversifiez votre portefeuille en investissant dans différentes catégories d'actifs, secteurs et régions géographiques afin de réduire le risque et d'optimiser les rendements potentiels.

5. Répartir vos actifs : Décidez du pourcentage de votre portefeuille à allouer à chaque véhicule de placement, en tenant compte de votre tolérance au risque et de vos objectifs financiers. Examinez et ajustez périodiquement votre répartition de l'actif pour vous assurer qu'elle demeure alignée sur vos objectifs et les conditions du marché.

6. Mettez en œuvre votre plan : Une fois que vous avez élaboré votre plan de placement personnel, commencez à investir en fonction de la répartition de l'actif et des stratégies que vous avez choisies. Cela peut impliquer l'ouverture d'un compte de courtage, la sélection de placements spécifiques et la mise en place de cotisations régulières à vos comptes de placement.

7. Surveillez et ajustez votre plan : Examinez régulièrement votre plan de placement et suivez vos progrès vers l'atteinte de vos objectifs financiers. Ajustez votre plan au besoin pour tenir compte de l'évolution de votre situation personnelle, de vos objectifs financiers ou des conditions du marché. Il peut s'agir de rééquilibrer votre portefeuille, de modifier votre stratégie de placement ou de modifier vos objectifs financiers.

En élaborant un plan d'investissement personnel, vous aurez une feuille de route claire pour atteindre vos objectifs financiers et naviguer dans les complexités du marché boursier. Cette approche structurée vous aidera à maintenir la discipline, à prendre des décisions éclairées et, en fin de compte, à augmenter vos chances de réussite en matière de placement.

Chapitre 2 : Principes de base du marché boursier

2.1 Types de stocks et leur potentiel

Il existe différents types d'actions disponibles sur le marché, chacune ayant son propre potentiel de rendement et de risque. Comprendre ces types peut vous aider à bâtir un portefeuille diversifié et à choisir des placements qui correspondent à vos objectifs financiers et à votre tolérance au risque. Voici quelques types d'actions courants et leur potentiel :

1. Actions ordinaires: Les actions ordinaires représentent la propriété partielle d'une société et donnent droit aux actionnaires à une part proportionnelle des profits ou des pertes de la société. Les actionnaires ont le droit de vote aux assemblées générales annuelles, ce qui leur permet de participer aux décisions concernant la société. Les actions ordinaires offrent généralement des rendements potentiels plus élevés par rapport aux autres types d'actions, mais comportent également des risques plus élevés.

2. Actions privilégiées : Les actions privilégiées sont un hybride entre les actions ordinaires et les

obligations. Ils versent des dividendes fixes, qui ont préséance sur les dividendes sur actions ordinaires. Les actionnaires privilégiés n'ont généralement pas de droit de vote, mais ont une créance plus élevée sur les actifs de la société en cas de liquidation. Les actions privilégiées offrent généralement des rendements plus stables et un risque moindre que les actions ordinaires, mais leur potentiel d'appréciation du capital est limité.

3. Actions de croissance: Les actions de croissance sont des actions de sociétés ayant un potentiel élevé de croissance future des revenus et des bénéfices. Ces entreprises réinvestissent souvent leurs bénéfices pour développer leurs activités, développer de nouveaux produits ou pénétrer de nouveaux marchés. Les actions de croissance peuvent apporter une appréciation significative du capital, mais elles ont également tendance à être plus volatiles et peuvent ne pas rapporter de dividendes.

4. Actions de valeur : Les actions de valeur sont des actions de sociétés qui sont perçues comme sous-évaluées par le marché, se négociant généralement à un ratio cours/bénéfice (C/B) ou cours/valeur comptable (C/B) inférieur à la moyenne du marché. Ces actions ont le potentiel d'une plus-value du capital, car leur valeur marchande reflète finalement leur valeur réelle. Les actions de valeur rapportent

souvent des dividendes, offrant aux investisseurs un flux de revenus régulier.

5. Actions à dividendes: Les actions à dividendes sont des actions de sociétés qui versent régulièrement des dividendes à leurs actionnaires. Ces actions peuvent fournir un flux de revenu régulier et peuvent intéresser les investisseurs à la recherche d'un revenu passif ou ceux qui ont une tolérance au risque plus faible. Bien que les actions à dividendes puissent ne pas offrir une appréciation substantielle du capital, elles peuvent assurer la stabilité et réduire la volatilité globale du portefeuille.

6. Actions de premier ordre : Les actions de premier ordre sont des actions de sociétés bien établies, financièrement stables et ayant un historique de rendement constant. Ces entreprises ont souvent de solides positions sur le marché, des avantages concurrentiels et la capacité de résister aux ralentissements économiques. Les actions de premier ordre offrent généralement des risques plus faibles et des rendements plus stables, mais peuvent ne pas avoir le même potentiel de croissance que les autres types d'actions.

7. Actions à petite capitalisation, moyenne et grande capitalisation : Les actions peuvent également être classées en fonction de leur capitalisation boursière,

les actions à petite capitalisation représentant les petites entreprises, les actions à moyenne capitalisation représentant les moyennes entreprises et les actions à grande capitalisation représentant les plus grandes entreprises. Les actions à petite capitalisation ont généralement le potentiel de croissance le plus élevé, mais comportent également des risques plus élevés, tandis que les actions à grande capitalisation ont tendance à être plus stables et offrent des risques plus faibles, mais un potentiel de croissance plus modeste.

Comprendre les différents types d'actions et leur potentiel de rendement et de risque est essentiel pour bâtir un portefeuille diversifié qui correspond à vos objectifs de placement et à votre tolérance au risque. En investissant dans une combinaison de types d'actions, vous pouvez optimiser vos rendements potentiels tout en atténuant votre exposition à la volatilité des marchés.

2.2 Lecture des états financiers

Les états financiers fournissent des informations précieuses sur la santé financière et le rendement d'une entreprise. En apprenant à lire et à analyser ces déclarations, vous pouvez prendre des décisions de placement plus éclairées et mieux évaluer le potentiel d'une entreprise. Il y a trois états financiers principaux à prendre en considération :

1. Bilan : Le bilan fournit un instantané de la situation financière d'une entreprise à un moment précis. Il est divisé en actifs, passifs et capitaux propres. L'équation du bilan est la suivante : Actif = Passif + Capitaux propres.

- Actifs : Ressources appartenant à l'entreprise, y compris les liquidités, les stocks, les biens et l'équipement.
- Passif : Obligations financières que l'entreprise doit à des tiers, telles que les prêts, les comptes créditeurs et les dettes à long terme.
- Capitaux propres: L'intérêt résiduel dans les actifs de la société après déduction des passifs, également appelé actif net ou capitaux propres.

2. Compte de résultat: Le compte de résultat (également connu sous le nom de compte de

résultat) montre la performance financière d'une entreprise sur une période spécifique, généralement un trimestre ou un an. Il affiche les revenus, les dépenses et le revenu net.

- Revenus: Argent gagné par l'entreprise de ses activités commerciales, telles que les frais de vente ou de service.

- Dépenses : Coûts engagés par l'entreprise pour générer des revenus, y compris le coût des marchandises vendues, les dépenses d'exploitation et les taxes.

- Résultat net: La différence entre les revenus et les dépenses, représentant le résultat de l'entreprise au cours de la période de reporting.

3. Tableau des flux de trésorerie : Le tableau des flux de trésorerie montre le mouvement de trésorerie entrant et sortant d'une entreprise au cours d'une période donnée. Il est divisé en trois sections : les activités d'exploitation, les activités d'investissement et les activités de financement.

- Activités d'exploitation : Flux de trésorerie générés par les activités principales d'une entreprise, tels que les frais de vente ou de service, moins les liquidités utilisées pour les dépenses d'exploitation.

- Activités d'investissement : Trésorerie utilisée

pour investir dans la croissance de l'entreprise, comme l'achat d'une propriété ou d'équipement, ou trésorerie reçue de la vente d'actifs.

- Activités de financement : Encaisse reçue ou versée à des investisseurs, comme l'émission ou le rachat d'actions, le versement de dividendes ou l'emprunt et le remboursement de dettes.

Lors de l'analyse des états financiers, les investisseurs recherchent souvent des tendances, des ratios et des comparaisons avec d'autres sociétés du même secteur. Voici quelques mesures clés à prendre en compte :

- Bénéfice par action (BPA) : Bénéfice net divisé par le nombre d'actions en circulation, indiquant la part du bénéfice d'une société affectée à chaque action.

- Ratio cours/bénéfice (C/B) : prix du marché par action divisé par le BPA, montrant la valorisation d'une action par rapport à ses bénéfices.

- Ratio cours/valeur comptable (P/B) : prix de marché par action divisé par la valeur comptable par action (capitaux propres divisés par le nombre d'actions en circulation), mesurant la valorisation d'une action par rapport à sa valeur liquidative.

- Dividende Yield: Dividende annuel par action divisé par le prix du marché par action, montrant le revenu généré par une action par rapport à son prix.

En apprenant à lire et à interpréter les états financiers, vous pouvez mieux comprendre la santé financière d'une entreprise et prendre des décisions de placement plus éclairées. Ces connaissances peuvent vous aider à identifier les opportunités d'investissement potentielles et à évaluer les risques associés aux actions individuelles.

2.3 Analyse des tendances et des indicateurs du marché

L'analyse des tendances et des indicateurs du marché est essentielle pour comprendre l'orientation générale du marché boursier et prendre des décisions d'investissement éclairées. Les investisseurs utilisent diverses méthodes et outils pour identifier les tendances, repérer les opportunités potentielles et évaluer le sentiment du marché. Voici quelques tendances et indicateurs clés du marché à prendre en compte :

1. Indices de marché : Les indices de marché fournissent un aperçu de la performance globale d'un marché ou d'un segment spécifique. Les indices populaires comprennent le S & P 500, le Dow Jones Industrial Average (DJIA) et le NASDAQ Composite. En suivant ces indices, les investisseurs peuvent évaluer la direction générale du marché et identifier les tendances dans des secteurs ou des industries spécifiques.

2. Moyennes mobiles : Les moyennes mobiles aident à lisser les fluctuations de prix et à révéler les tendances sous-jacentes du prix d'une action. Les investisseurs utilisent souvent des moyennes mobiles simples (SMA) ou des moyennes mobiles exponentielles (EMA) sur différentes périodes (par

exemple, 50 jours, 100 jours ou 200 jours) pour identifier les niveaux de support et de résistance et les inversions de tendance potentielles.

3. Indicateurs techniques: Les indicateurs techniques sont des calculs mathématiques basés sur le prix, le volume ou d'autres données de marché d'une action. Ils peuvent aider à identifier les modèles, les tendances et les signaux d'achat ou de vente potentiels. Les indicateurs techniques courants comprennent l'indice de force relative (RSI), la divergence de convergence moyenne mobile (MACD) et les bandes de Bollinger.

4. Volume : Le volume fait référence au nombre d'actions négociées au cours d'une période donnée. Un volume de négociation élevé peut indiquer un fort intérêt pour une action, tandis qu'un faible volume peut suggérer un intérêt limité. L'analyse du volume peut aider les investisseurs à confirmer les tendances et à identifier les cassures ou les retournements potentiels.

5. Sentiment du marché : Le sentiment du marché fait référence à l'attitude générale des investisseurs à l'égard d'un marché ou d'une action en particulier. Un sentiment positif peut faire monter les prix, tandis qu'un sentiment négatif peut entraîner une baisse des prix. Les investisseurs utilisent souvent

des indicateurs de sentiment, tels que le ratio Put/Call, l'indice de volatilité (VIX) ou l'indice de pourcentage haussier (BPI), pour mesurer le sentiment du marché et prédire les mouvements futurs des prix.

6. Indicateurs économiques : Les indicateurs économiques donnent un aperçu de la santé de l'économie et peuvent influencer les tendances du marché boursier. Les principaux indicateurs économiques comprennent la croissance du PIB, les taux de chômage, les données sur l'inflation et les taux d'intérêt. Les investisseurs devraient surveiller ces indicateurs pour évaluer l'environnement économique global et évaluer l'impact potentiel sur les actions ou les secteurs individuels.

7. Rapports sur les bénéfices: Les sociétés publient des rapports trimestriels sur les bénéfices, ce qui peut influencer considérablement les cours des actions et les tendances du marché. De solides bénéfices peuvent faire grimper les cours des actions, tandis que des résultats décevants peuvent entraîner des baisses de prix. Les investisseurs devraient suivre les publications de bénéfices et analyser les résultats pour déterminer l'impact potentiel sur leurs investissements.

En analysant les tendances et les indicateurs

du marché , les investisseurs peuvent obtenir des informations précieuses sur l'orientation du marché boursier et identifier les opportunités d'investissement potentielles. Ces connaissances peuvent aider les investisseurs à prendre des décisions plus éclairées, à gérer les risques et, en fin de compte, à mieux réussir sur le marché boursier.

2.4 Le rôle de l'économie mondiale

L'économie mondiale joue un rôle essentiel en influençant la performance du marché boursier et des investissements individuels. Comprendre l'interdépendance des économies et l'impact des événements mondiaux peut aider les investisseurs à prendre des décisions plus éclairées et à mieux gérer les risques. Voici quelques aspects clés de l'économie mondiale qui peuvent influencer le marché boursier :

1. Relations commerciales : Le commerce international est essentiel à la croissance économique, car les pays échangent des biens et des services pour répondre à la demande intérieure et élargir leurs marchés. Les accords commerciaux, les droits de douane et les obstacles au commerce peuvent avoir une incidence sur la circulation des biens et des services et sur la rentabilité des entreprises participant au commerce international. Les investisseurs devraient surveiller les relations commerciales entre les pays et tenir compte des implications potentielles pour leurs investissements.

2. Taux de change: La valeur d'une devise par rapport à une autre, connue sous le nom de taux de change, peut avoir un impact significatif sur le marché boursier. Les fluctuations des taux de change peuvent avoir une incidence sur la compétitivité des

exportations, le coût des importations et la valeur des investissements étrangers. Les investisseurs doivent tenir compte de l'impact potentiel des fluctuations monétaires sur leurs portefeuilles d'investissement et peuvent utiliser des stratégies telles que la couverture de change pour atténuer le risque de change.

3. Taux d'intérêt : Les banques centrales, telles que la Réserve fédérale, la Banque centrale européenne et la Banque du Japon, fixent les taux d'intérêt pour gérer l'inflation, la croissance économique et la stabilité financière. Les variations des taux d'intérêt peuvent influer sur les coûts d'emprunt, les dépenses de consommation et les bénéfices des entreprises, ce qui a une incidence sur le cours des actions. Les investisseurs doivent porter une attention particulière aux politiques des banques centrales et aux décisions en matière de taux d'intérêt lorsqu'ils évaluent les opportunités d'investissement.

4. Événements géopolitiques : Les événements géopolitiques, comme les guerres, les troubles politiques et les différends diplomatiques, peuvent créer de l'incertitude dans l'économie mondiale et avoir une incidence sur le marché boursier. De tels événements peuvent affecter le sentiment des investisseurs, perturber le commerce et entraîner des changements dans les politiques gouvernementales

qui influent sur la croissance économique et la rentabilité des entreprises. Les investisseurs doivent surveiller les événements géopolitiques et évaluer leur impact potentiel sur le marché boursier et les investissements individuels.

5. Croissance économique mondiale : La croissance globale de l'économie mondiale, mesurée par des indicateurs tels que le produit intérieur brut (PIB), peut influencer le marché boursier. Une forte croissance économique mondiale soutient généralement une hausse des bénéfices des entreprises et des cours des actions, tandis que les ralentissements économiques ou les récessions peuvent entraîner une baisse des bénéfices et une baisse des marchés boursiers. Les investisseurs devraient suivre les tendances de la croissance économique mondiale et tenir compte des implications potentielles pour leurs investissements.

6. Marchés émergents : Les marchés émergents, tels que la Chine, l'Inde et le Brésil, offrent un potentiel de croissance important, mais présentent également des risques plus élevés en raison de l'instabilité politique, des fluctuations monétaires et de la volatilité économique. Investir dans les marchés émergents peut offrir des avantages de diversification et améliorer les rendements du portefeuille, mais nécessite une analyse et une

gestion des risques minutieuses. Les investisseurs doivent tenir compte des opportunités et des risques associés aux marchés émergents lorsqu'ils construisent leurs portefeuilles d'investissement.

Comprendre le rôle de l'économie mondiale sur le marché boursier peut aider les investisseurs à naviguer dans les complexités de l'investissement international et à prendre des décisions plus éclairées. En tenant compte de l'incidence des facteurs économiques mondiaux sur les placements individuels et le marché en général, les investisseurs peuvent mieux gérer les risques, saisir les occasions et, en fin de compte, obtenir un plus grand succès sur le marché boursier.

Chapitre 3 : L'art du stock picking

3.1 Analyse fondamentale pour le succès à long terme

L'analyse fondamentale est une méthode d'évaluation des actions en évaluant la santé financière sous-jacente et la performance d'une entreprise. En se concentrant sur les fondamentaux d'une entreprise, les investisseurs peuvent identifier les actions sous-évaluées à fort potentiel de croissance et prendre des décisions plus éclairées pour leur réussite à long terme. Voici quelques aspects clés de l'analyse fondamentale à considérer :

1. États financiers : Comme mentionné précédemment, les états financiers fournissent des renseignements précieux sur la santé financière et le rendement d'une entreprise. L'analyse du bilan, du compte de résultat et de l'état des flux de trésorerie d'une entreprise peut aider les investisseurs à comprendre sa rentabilité, sa solvabilité et ses perspectives de croissance.

2. Ratios financiers : Les ratios financiers sont des outils utiles pour comparer la performance d'une entreprise avec ses pairs ou les indices de référence de l'industrie. Parmi les ratios importants à prendre en compte, mentionnons le ratio cours/bénéfice (C/B),

le ratio cours/valeur comptable (C/B), le rendement du dividende, le rendement des capitaux propres (RCP) et le ratio d'endettement. Ces ratios peuvent aider les investisseurs à identifier les actions sous-évaluées, à évaluer les perspectives de croissance d'une entreprise et à évaluer sa stabilité financière.

3. Analyse de l'industrie : Comprendre l'industrie dans laquelle une entreprise exerce ses activités est crucial pour évaluer sa position concurrentielle et son potentiel de croissance. Les investisseurs devraient rechercher les tendances de l'industrie, la taille du marché, les principaux concurrents et les barrières à l'entrée pour mieux comprendre la position de l'entreprise sur le marché et son potentiel de croissance future.

4. Équipe de direction: La qualité de l'équipe de direction d'une entreprise peut influencer considérablement son succès. Les investisseurs devraient évaluer l'expérience, les antécédents et la performance de la direction de l'entreprise afin d'évaluer leur capacité à stimuler la croissance et à relever les défis.

5. Avantage concurrentiel : Une entreprise disposant d'un avantage concurrentiel important est mieux placée pour générer une croissance et des profits constants à long terme. Les investisseurs devraient

identifier les entreprises dont les produits, les services ou les modèles d'affaires uniques les différencient de leurs concurrents et créent des barrières à l'entrée pour les nouveaux venus sur le marché.

6. Perspectives de croissance : L'évaluation des perspectives de croissance d'une entreprise est essentielle pour déterminer son potentiel de réussite à long terme. Les investisseurs doivent tenir compte de facteurs tels que la croissance des revenus et des bénéfices, la part de marché, les plans d'expansion et le pipeline de produits pour évaluer le potentiel de croissance future d'une entreprise.

7. Évaluation : Déterminer si une action est sous-évaluée ou surévaluée est une partie essentielle de l'analyse fondamentale. Les investisseurs peuvent utiliser des méthodes d'évaluation telles que l'analyse des flux de trésorerie actualisés (DCF), l'évaluation relative (comparaison des ratios financiers par rapport aux pairs) ou les modèles d'actualisation des dividendes (DDM) pour estimer la valeur intrinsèque d'une action et identifier les opportunités d'investissement potentielles.

En effectuant une analyse fondamentale approfondie, les investisseurs peuvent mieux comprendre la santé financière, la position concurrentielle et le potentiel de croissance d'une entreprise. Ces connaissances peuvent les aider à identifier les actions sous-évaluées ayant de solides perspectives à long terme et à prendre des décisions plus éclairées pour réussir sur le marché boursier.

3.2 Analyse technique pour la synchronisation de précision

L'analyse technique est une méthode d'évaluation des stocks en analysant les données historiques sur les prix et les volumes afin d'identifier les modèles et les tendances qui peuvent aider à prédire les mouvements futurs des prix. En utilisant l'analyse technique, les investisseurs peuvent chronométrer leurs points d'entrée et de sortie plus précisément, maximisant ainsi leurs rendements potentiels. Voici quelques aspects clés de l'analyse technique à prendre en compte :

1. Modèles graphiques : Les modèles graphiques sont des représentations visuelles des mouvements de prix au fil du temps qui peuvent aider à identifier les tendances, les inversions ou les signaux de continuation. Certains modèles de graphiques courants incluent la tête et les épaules, les doubles sommets et bas, les triangles et les drapeaux. En reconnaissant ces tendances, les investisseurs peuvent prendre des décisions plus éclairées sur le moment d'acheter ou de vendre une action.

2. Lignes de tendance: Les lignes de tendance sont des lignes tracées sur un graphique de prix pour relier une série de hauts ou de bas, représentant les niveaux de support et de résistance. Ils peuvent aider les

investisseurs à identifier la direction de la tendance du marché (à la hausse, à la baisse ou latéralement) et à déterminer les points d'entrée et de sortie potentiels.

3. Moyennes mobiles : Comme mentionné précédemment, les moyennes mobiles sont utilisées pour lisser les fluctuations de prix et révéler les tendances sous-jacentes. Les investisseurs utilisent souvent les moyennes mobiles comme un outil simple pour identifier les niveaux potentiels de soutien ou de résistance, les inversions de tendance et les points d'entrée ou de sortie.

4. Indicateurs techniques: Les indicateurs techniques sont des calculs mathématiques basés sur le prix, le volume ou d'autres données de marché qui peuvent fournir des informations sur les tendances du marché et les signaux d'achat ou de vente potentiels. Certains indicateurs techniques populaires incluent l'indice de force relative (RSI), la divergence de convergence moyenne mobile (MACD), les bandes de Bollinger et l'oscillateur stochastique. Ces indicateurs peuvent aider les investisseurs à chronométrer leurs transactions plus efficacement et à gérer les risques.

5. Analyse du volume : L'analyse du volume des transactions peut aider les investisseurs à évaluer

la force des mouvements de prix et à identifier les cassures ou les retournements potentiels. Un volume de négociation élevé peut signaler un fort intérêt pour une action, tandis qu'un faible volume peut indiquer un intérêt limité. En surveillant les changements de volume, les investisseurs peuvent obtenir des informations précieuses sur le sentiment du marché et les tendances potentielles des prix.

6. Support et résistance: Les niveaux de support et de résistance sont des points de prix où le prix d'une action a historiquement eu du mal à évoluer au-dessus (résistance) ou en dessous (support). L'identification de ces niveaux peut aider les investisseurs à déterminer les points d'entrée et de sortie potentiels, ainsi qu'à évaluer la probabilité de cassures ou de retournements de prix.

7. Périodes: L'analyse technique peut être appliquée à différentes périodes, telles que les graphiques intrajournaliers, quotidiens, hebdomadaires ou mensuels. Le choix du calendrier approprié dépend du style de négociation et de l'horizon de placement de l'investisseur. Les traders à court terme peuvent se concentrer sur les graphiques intrajournaliers ou quotidiens, tandis que les investisseurs à long terme peuvent préférer les graphiques hebdomadaires ou mensuels.

En maîtrisant l'art de l'analyse technique, les investisseurs peuvent améliorer leur timing et leur précision sur le marché boursier, maximisant ainsi leurs rendements potentiels. La combinaison de l'analyse technique avec l'analyse fondamentale peut fournir une compréhension plus complète du potentiel d'une action, aidant les investisseurs à prendre des décisions plus éclairées et à obtenir un plus grand succès sur le marché boursier.

3.3 Valeur vs investissement axé sur la croissance

L'investissement axé sur la valeur et l'investissement axé sur la croissance sont deux approches distinctes de la sélection de titres, chacune ayant son propre ensemble de critères et de rendements potentiels. Comprendre les différences entre ces styles peut aider les investisseurs à élaborer une stratégie qui convient à leurs objectifs de placement et à leur tolérance au risque. Voici une comparaison entre l'investissement axé sur la valeur et l'investissement axé sur la croissance :

Investissement axé sur la valeur :

Les investisseurs axés sur la valeur cherchent à identifier les actions sous-évaluées dont les fondamentaux sont solides et qui ont le potentiel de s'apprécier au fil du temps. Ces investisseurs estiment que le marché évalue parfois mal les actions, créant ainsi des opportunités d'acheter des sociétés de haute qualité à rabais. Les principaux aspects de l'investissement axé sur la valeur sont les suivants :

1. Concentrez-vous sur les fondamentaux : Les investisseurs axés sur la valeur accordent la priorité à la santé financière et à la performance d'une entreprise, en analysant les états financiers, les

ratios et d'autres mesures pour déterminer la valeur intrinsèque d'une action.

2. Marge de sécurité : En achetant des actions à escompte par rapport à leur valeur intrinsèque, les investisseurs axés sur la valeur visent à créer une marge de sécurité qui les protège contre les pertes potentielles et augmente le potentiel d'appréciation du capital.

3. Perspective à long terme : L'investissement axé sur la valeur implique généralement un horizon de placement à long terme, car les actions sous-évaluées peuvent prendre du temps à réaliser leur plein potentiel.

4. Dividendes et revenus : Les investisseurs axés sur la valeur privilégient souvent les actions offrant des rendements en dividendes attrayants, car elles fournissent un flux régulier de revenus et peuvent contribuer aux rendements totaux.

Investissement axé sur la croissance :

Les investisseurs axés sur la croissance se concentrent sur les sociétés ayant un potentiel de croissance supérieur à la moyenne, à la recherche d'actions qui devraient générer une forte croissance des revenus et des bénéfices au fil du temps. Ces investisseurs sont prêts à payer une prime pour des actions ayant de fortes perspectives de croissance, estimant que le potentiel d'appréciation du capital l'emporte sur les risques. Les principaux aspects de l'investissement axé sur la croissance sont les suivants :

1. Accent mis sur les indicateurs de croissance : Les investisseurs axés sur la croissance donnent la priorité à des indicateurs tels que la croissance des revenus, la croissance des bénéfices et l'expansion des parts de marché lors de l'évaluation des actions.

2. Attentes élevées : Les actions de croissance ont généralement des ratios cours/bénéfices (C/B) élevés et d'autres mesures de valorisation, reflétant les attentes élevées du marché en matière de croissance future.

3. Orientation à court terme : L'investissement axé sur la croissance peut comporter un horizon de placement plus court que l'investissement axé sur la valeur, car les actions de croissance peuvent être plus sensibles aux fluctuations et au sentiment du marché.

4. Appréciation du capital : Les investisseurs axés sur la croissance recherchent principalement une plus-value du capital plutôt que des dividendes, car

les sociétés en croissance réinvestissent souvent les bénéfices pour alimenter une expansion ultérieure.

Ni l'investissement axé sur la valeur ni l'investissement axé sur la croissance ne sont intrinsèquement supérieurs, et la meilleure approche dépend souvent des objectifs individuels, de la tolérance au risque et de l'horizon de placement de l'investisseur. Certains investisseurs peuvent choisir de combiner des éléments des deux styles pour créer un portefeuille équilibré qui offre à la fois une plus-value du capital et un potentiel de revenu. En comprenant les différences entre l'investissement axé sur la valeur et l'investissement axé sur la croissance, les investisseurs peuvent prendre des décisions plus éclairées et élaborer une stratégie qui correspond à leurs objectifs et préférences uniques.

3.4 Actions à dividendes : un flux de revenus stable

Les actions à dividendes représentent une option d'investissement attrayante pour ceux qui recherchent un flux régulier de revenus ainsi qu'une appréciation potentielle du capital. Les sociétés qui versent des dividendes distribuent une partie de leurs bénéfices aux actionnaires, généralement sur une base trimestrielle. Investir dans des actions versant des dividendes peut offrir plusieurs avantages, notamment :

1. Revenu régulier : Les dividendes constituent une source de revenu prévisible pour les investisseurs, ce qui peut être particulièrement attrayant pour les retraités ou ceux qui cherchent à compléter leur revenu actuel.

2. Rendements composés : Le réinvestissement des dividendes au moyen d'un régime de réinvestissement des dividendes (RRD) peut améliorer considérablement les rendements à long terme en permettant aux investisseurs d'acheter des actions supplémentaires sans encourir de frais de transaction. Au fil du temps, cela peut entraîner une croissance exponentielle du nombre d'actions détenues et de la valeur totale de l'investissement.

3. Volatilité réduite : Les actions versant des

dividendes ont tendance à être moins volatiles que les actions qui ne versent pas de dividendes, car le flux de revenus régulier peut aider à amortir l'impact des fluctuations du marché. Cela peut être particulièrement avantageux pour les investisseurs peu enclins à prendre des risques ou ceux qui ont un horizon de placement plus court.

4. Avantages fiscaux : Selon la situation fiscale et la juridiction de l'investisseur, le revenu de dividendes peut être imposé à un taux inférieur à celui d'autres formes de revenu de placement, comme les intérêts ou les gains en capital.

5. Indicateur de qualité : Les sociétés ayant l'habitude de verser des dividendes constants sont souvent bien établies et financièrement stables, ce qui suggère des fondamentaux solides et un risque moindre par rapport aux actions qui ne versent pas de dividendes.

Lors de l'évaluation des actions à dividendes, les investisseurs doivent tenir compte des facteurs suivants :

1. Rendement du dividende : Le rendement du dividende est calculé en divisant le dividende annuel par action par le prix actuel de l'action. Un rendement plus élevé peut indiquer un flux de revenus plus attrayant, mais peut également signaler

un risque plus élevé ou des problèmes potentiels avec les fondamentaux de l'entreprise.

2. Ratio de distribution des dividendes : Le ratio de distribution des dividendes est calculé en divisant le total des dividendes versés par le bénéfice net de la société. Un ratio de distribution plus faible suggère que la société conserve plus de bénéfices pour le réinvestissement et la croissance, tandis qu'un ratio plus élevé peut indiquer un potentiel de croissance limité ou des difficultés financières.

3. Taux de croissance des dividendes : Le taux de croissance des dividendes mesure l'augmentation du dividende d'une entreprise au fil du temps. Un taux de croissance constant des dividendes peut signaler l'engagement d'une entreprise à redonner de la valeur aux actionnaires et sa capacité à générer des profits croissants.

4. Aristocrates des dividendes: Les aristocrates des dividendes sont des sociétés qui ont constamment augmenté leurs paiements de dividendes pendant au moins 25 années consécutives. Ces actions peuvent offrir une combinaison de stabilité, de revenu et d'appréciation potentielle du capital.

5. Sécurité des dividendes : L'évaluation de la sécurité d'un dividende est essentielle pour s'assurer que la

société peut maintenir ou augmenter ses paiements de dividendes. Les investisseurs doivent tenir compte de facteurs tels que la stabilité des bénéfices, les niveaux d'endettement et les flux de trésorerie lorsqu'ils évaluent la sécurité des dividendes.

En sélectionnant soigneusement les actions à dividendes, les investisseurs peuvent créer un flux de revenus fiable et potentiellement bénéficier de l'appréciation du capital au fil du temps. L'équilibre entre un portefeuille et des actions à dividendes et d'autres stratégies de placement peut aider les investisseurs à atteindre leurs objectifs financiers et à gérer efficacement les risques.

Chapitre 4: Techniques de trading avancées

4.1 Négociation d'options pour un effet de levier et une flexibilité

La négociation d'options est une stratégie d'investissement avancée qui permet aux investisseurs d'obtenir une exposition à une action ou à un autre actif sans en être réellement propriétaire . Les contrats d'options donnent à l'acheteur le droit, mais non l'obligation, d'acheter ou de vendre un actif sous-jacent à un prix spécifié (le « prix d'exercice ») avant une date d'expiration prédéterminée. Il existe deux types de contrats d'options : les options d'achat (droit d'achat) et les options de vente (droit de vente). La négociation d'options peut offrir plusieurs avantages, notamment l'effet de levier, la flexibilité et la gestion des risques. Voici quelques aspects clés du trading d'options :

1. Effet de levier : Les contrats d'options permettent aux investisseurs de contrôler une grande partie d'un actif sous-jacent avec un investissement relativement faible. Cet effet de levier peut amplifier les gains potentiels, mais augmente également le risque, ce qui rend crucial pour les investisseurs de gérer leurs positions et leur exposition avec soin.

2. Flexibilité: Le trading d'options offre une flexibilité en termes de stratégies et de résultats potentiels. Les investisseurs peuvent utiliser des options pour spéculer, se couvrir ou générer des revenus. Par exemple, un investisseur peut utiliser des options d'achat pour profiter d'une hausse potentielle du cours d'une action, mettre des options pour se protéger contre une baisse potentielle ou vendre des options pour générer un revenu à partir des primes perçues.

3. Gestion des risques : Les options peuvent être utilisées comme outil de gestion des risques en fournissant une perte maximale prédéfinie à l'acheteur. Le maximum qu'un acheteur d'options peut perdre est la prime payée pour le contrat, tandis que les gains potentiels peuvent être illimités pour les options d'achat et substantiels pour les options de vente. Ce risque prédéfini fait des options une stratégie attrayante pour les investisseurs qui cherchent à limiter leurs pertes potentielles.

4. Décadence temporelle: Les contrats d'options ont une date d'expiration, après laquelle ils deviennent sans valeur. À l'approche de la date d'expiration, la valeur temporelle de l'option diminue, un phénomène connu sous le nom de « décroissance temporelle ». Cette dégradation peut jouer contre

les acheteurs et en faveur des vendeurs, ce qui rend important pour les investisseurs de considérer l'horizon temporel de leurs stratégies d'options.

5. Prix de la prime : Le prix d'une option, connu sous le nom de « prime », est influencé par des facteurs tels que le prix de l'actif sous-jacent, le prix d'exercice, le délai d'expiration, la volatilité et les taux d'intérêt. La compréhension de ces facteurs peut aider les investisseurs à déterminer la juste valeur d'une option et à identifier les opportunités de négociation potentielles.

6. Stratégies de négociation: Il existe de nombreuses stratégies de négociation d'options, allant de simples à complexes, qui peuvent aider les investisseurs à atteindre leurs objectifs de placement. Certaines stratégies populaires incluent les appels couverts, les puts de protection, les spreads verticaux, les condors de fer et les chevauchements.

7. Comprendre les risques: Bien que la négociation d'options puisse offrir des avantages importants, elle comporte également des risques, tels que les pertes liées à l'effet de levier, la perte de temps et l'illiquidité potentielle. Il est essentiel pour les investisseurs de se renseigner sur les risques et les mécanismes de négociation d'options avant de s'engager dans ces stratégies avancées.

La négociation d'options peut offrir aux investisseurs un effet de levier, une flexibilité et des opportunités de gestion des risques que la négociation d'actions traditionnelle peut ne pas offrir. En comprenant les bases de la négociation d'options et en gérant soigneusement leurs positions et leurs risques, les investisseurs peuvent potentiellement améliorer leurs rendements et atteindre leurs objectifs financiers.

4.2 Vente à découvert à but lucratif dans les marchés baissiers

La vente à découvert est une stratégie de trading avancée qui permet aux investisseurs de profiter de la baisse des cours des actions. Il s'agit d'emprunter des actions d'une action à un courtier, de les vendre sur le marché libre, puis de racheter les actions plus tard à un prix inférieur pour les retourner au prêteur. En vendant à découvert, les investisseurs peuvent capitaliser sur les marchés baissiers ou les tendances à la baisse des actions individuelles. Voici quelques aspects clés de la vente à découvert :

1. Potentiel de profit : La vente à découvert permet aux investisseurs de profiter de la chute des cours des actions, ce qui leur donne l'occasion de générer des rendements dans les marchés baissiers ou pendant les corrections du marché.

2. Gestion des risques : La vente à découvert peut servir d'outil de gestion des risques en permettant aux investisseurs de couvrir leurs positions longues. Si un investisseur détient une position longue sur une action ou un portefeuille et anticipe une baisse potentielle, il peut vendre à découvert la même action ou un actif corrélé pour compenser les pertes potentielles.

3. Efficacité du marché : La vente à découvert peut contribuer à l'efficience du marché en fournissant de la liquidité et en aidant à corriger les actions surévaluées. Lorsque les vendeurs à découvert identifient des actions surévaluées et les vendent, ils exercent une pression à la baisse sur le cours de l'action, le rapprochant de sa juste valeur.

4. Exigences de marge: La vente à découvert nécessite généralement un compte sur marge, car l'investisseur doit emprunter des actions pour vendre à découvert. L'investisseur doit maintenir un certain niveau de capitaux propres dans le compte, connu sous le nom d'exigence de marge, qui peut varier en fonction du courtier et de l'action à découvert.

5. Risques et limites : La vente à découvert comporte plusieurs risques et limitations, notamment des pertes potentiellement illimitées, des compressions à découvert et des restrictions sur la vente à découvert de certaines actions. La perte potentielle sur une position courte est théoriquement illimitée, car le prix d'une action peut continuer à augmenter indéfiniment. Les compressions à découvert se produisent lorsque les vendeurs à découvert sont forcés de racheter des actions pour couvrir leurs positions, ce qui fait grimper le prix de l'action. En

outre, les restrictions réglementaires peuvent limiter la capacité de vendre à découvert certaines actions ou obliger les vendeurs à découvert à respecter des règles spécifiques.

6. Timing et analyse : Une vente à découvert réussie nécessite un timing et une analyse précis des tendances du marché, des fondamentaux des actions et du sentiment des investisseurs. Il est essentiel pour les vendeurs à découvert de surveiller de près leurs positions et d'avoir une stratégie de sortie claire en place pour gérer les risques.

7. Intérêts courts et jours à couvrir: Les intérêts courts, le nombre d'actions vendues à découvert et les jours à couvrir, le ratio des intérêts à court terme au volume quotidien moyen des transactions de l'action, peuvent fournir des informations précieuses sur le sentiment du marché et le potentiel d'un court resserrement. Un taux d'intérêt court élevé et un ratio jours/couverture élevé peuvent indiquer une probabilité plus élevée d'un short squeeze.

La vente à découvert peut offrir aux investisseurs la possibilité de profiter des marchés baissiers et de gérer le risque dans leurs portefeuilles. Cependant, cela comporte également des risques importants et nécessite une compréhension approfondie de la dynamique du marché et de l'analyse des stocks. En gérant soigneusement leurs positions courtes et en restant informés des tendances et des risques du marché, les investisseurs peuvent utiliser la vente à découvert comme un outil précieux dans leur stratégie d'investissement globale.

4.3 Le trading sur marge : l'épée à double tranchant

Le trading sur marge est une stratégie d'investissement avancée qui consiste à emprunter de l'argent à un courtier pour acheter plus d'actions ou d'autres actifs financiers que l'investisseur ne pourrait autrement se permettre. En utilisant l'effet de levier, le trading sur marge peut amplifier les gains potentiels, mais il augmente également les risques associés à l'investissement. Voici quelques aspects clés du trading sur marge :

1. Effet de levier: Le trading sur marge permet aux investisseurs de tirer parti de leur capital, ce qui peut amplifier les rendements des transactions réussies. Cependant, cet effet de levier amplifie également les pertes sur les transactions infructueuses, ce qui rend essentiel pour les investisseurs de gérer le risque avec soin.

2. Compte sur marge: Pour s'engager dans le trading sur marge, les investisseurs doivent ouvrir un compte sur marge auprès de leur courtier. Ce compte leur permet d'emprunter des fonds, les titres achetés servant de garantie pour le prêt. Le prêt sur marge est assorti d'intérêts, que l'investisseur doit payer quelle que soit la performance de l'investissement.

3. Exigences de marge: Les courtiers ont des

exigences de marge spécifiques, qui dictent le montant minimum de capitaux propres qu'un investisseur doit maintenir dans son compte sur marge. Si les capitaux propres du compte tombent en dessous de ce niveau, l'investisseur sera confronté à un appel de marge, l'obligeant à déposer des fonds supplémentaires ou à vendre des actifs pour répondre à l'exigence.

4. Marge de maintien : La marge de maintien est le pourcentage minimum des capitaux propres qu'un investisseur doit conserver dans son compte de marge par rapport à la valeur totale des actifs. Si les capitaux propres d'un investisseur tombent en dessous de la marge de maintien, il recevra un appel de marge et devra prendre des mesures pour satisfaire à l'exigence.

5. Risque de liquidation: En cas d'appel de marge, si un investisseur ne peut pas déposer de fonds supplémentaires ou vendre des actifs pour répondre aux exigences de marge, le courtier peut liquider une partie ou la totalité des positions de l'investisseur pour couvrir le manque à gagner. Cette liquidation forcée peut entraîner des pertes importantes et peut se produire à des prix de marché défavorables.

6. Frais d'intérêt: Le trading sur marge implique d'emprunter de l'argent, ce qui entraîne des frais

d'intérêt. Ces frais d'intérêt peuvent s'accumuler au fil du temps et éroder les gains potentiels, en particulier dans les cas où les placements ne se comportent pas comme prévu ou lorsque les taux d'intérêt sont élevés.

7. Gestion des risques: En raison des risques accrus associés à la négociation sur marge, il est crucial pour les investisseurs de mettre en œuvre des stratégies de gestion des risques. Il peut s'agir d'utiliser des ordres stop-loss, de maintenir un portefeuille diversifié et de surveiller de près les positions pour éviter les appels de marge et les liquidations forcées.

Le trading sur marge peut être un outil puissant pour les investisseurs qui cherchent à améliorer leurs rendements, mais il comporte également des risques importants. Il est essentiel pour les investisseurs de comprendre les mécanismes du trading sur marge et de gérer soigneusement leurs positions, leurs niveaux d'actions et leurs risques pour tirer le meilleur parti de cette arme à double tranchant.

4.4 La puissance des FNB à effet de levier

Les fonds négociés en bourse (FNB) à effet de levier sont des produits de placement spécialisés qui visent à amplifier les rendements quotidiens d'un indice ou d'un indice de référence sous-jacent, généralement en utilisant des produits financiers dérivés et des instruments de dette. Ces FNB peuvent procurer aux investisseurs des gains importants sur une courte période, mais comportent également des risques plus élevés que les FNB traditionnels. Voici quelques aspects clés des FNB à effet de levier :

1. Ratios de levier : Les FNB à effet de levier offrent différents niveaux d'effet de levier, allant généralement de 2x à 3x le rendement quotidien de l'indice sous-jacent. Cela signifie que si l'indice augmente de 1% un jour donné, un FNB à effet de levier 2x viserait à obtenir un rendement de 2%, tandis qu'un FNB à effet de levier 3x viserait un rendement de 3%. À l'inverse, si l'indice baisse de 1 %, les FNB à effet de levier perdraient respectivement 2 % et 3 %.

2. Réinitialisations quotidiennes : Les FNB à effet de levier sont conçus pour fournir leur effet de levier cible sur une base quotidienne, ce qui signifie qu'ils réinitialisent leur exposition à la fin de chaque journée de négociation. Cette réinitialisation

quotidienne peut entraîner des effets cumulatifs au fil du temps, ce qui fait en sorte que le rendement du FNB s'écarte du multiple attendu du rendement de l'indice sur de plus longues périodes.

3. Effets composés : En raison de leur fonction de réinitialisation quotidienne, les FNB à effet de levier peuvent subir des effets composés importants, tant positifs que négatifs. Dans les marchés tendance, ces effets composés peuvent jouer en faveur de l'investisseur, améliorant ainsi les rendements. Cependant, dans les marchés volatils ou limités à une fourchette, les effets cumulatifs peuvent entraîner des pertes importantes ou une sous-performance par rapport au multiple attendu du rendement de l'indice.

4. Gestion des risques : Investir dans des FNB à effet de levier comporte un risque plus élevé que les FNB traditionnels, ce qui rend essentiel pour les investisseurs de mettre en œuvre des stratégies de gestion des risques. Il peut s'agir d'établir des ordres stop-loss, de diversifier les investissements et de surveiller de près les positions pour éviter des pertes excessives.

5. FNB à effet de levier court et inverse : En plus des FNB à effet de levier traditionnels, il existe également des FNB à effet de levier inverse qui visent à fournir

le rendement inverse de l'indice sous-jacent. Ces FNB peuvent être utilisés pour profiter de la baisse des marchés ou couvrir des positions longues dans un portefeuille.

6. Ratios de frais : Les FNB à effet de levier ont tendance à avoir des ratios de frais plus élevés que les FNB traditionnels en raison de la complexité de leurs stratégies et des coûts associés à l'utilisation de produits dérivés et à l'emprunt. Ces dépenses plus élevées peuvent gruger les rendements potentiels des FNB.

7. Stratégies de négociation : Les FNB à effet de levier conviennent généralement mieux aux stratégies de négociation à court terme et aux jeux tactiques plutôt qu'aux investissements à long terme. En raison de leur fonction de réinitialisation quotidienne et du potentiel d'effets composés importants, la détention de FNB à effet de levier pendant de longues périodes peut entraîner des résultats inattendus et une sous-performance.

Les FNB à effet de levier peuvent offrir aux investisseurs la possibilité d'obtenir des rendements démesurés sur une courte période, mais ils comportent également des risques accrus et un potentiel de pertes importantes. Il est essentiel que les investisseurs comprennent les mécanismes des

FNB à effet de levier et gèrent soigneusement leurs positions, leurs risques et leurs attentes lorsqu'ils intègrent ces puissants outils dans leurs stratégies d'investissement.

Chapitre 5 : Bâtir un portefeuille diversifié

5.1 L'importance de la répartition de l'actif

La répartition de l'actif est le processus de division d'un portefeuille de placements entre diverses catégories d'actifs, telles que les actions, les obligations, les liquidités et les placements alternatifs. Une stratégie de répartition de l'actif bien conçue peut aider les investisseurs à atteindre leurs objectifs financiers tout en gérant le risque et la volatilité. Voici quelques aspects clés de la répartition de l'actif :

1. Équilibre entre risque et rendement : Différentes catégories d'actifs présentent différents niveaux de risque et de rendement. En répartissant les fonds entre différentes catégories d'actifs, les investisseurs peuvent trouver un équilibre entre les rendements potentiels et l'exposition au risque. Un portefeuille bien diversifié peut aider les investisseurs à atteindre les rendements souhaités tout en réduisant la probabilité de pertes importantes.

2. Stratégie à long terme : La répartition de l'actif est une stratégie de placement à long terme axée sur la création d'un portefeuille équilibré et diversifié.

Il est essentiel d'examiner et d'ajuster régulièrement la répartition pour tenir compte de l'évolution des conditions du marché, de la situation financière personnelle et des objectifs de placement.

3. Tolérance au risque et horizon de placement : La tolérance au risque et l'horizon de placement d'un investisseur jouent un rôle crucial dans la détermination de la répartition appropriée de l'actif. Les investisseurs ayant une tolérance au risque plus élevée et un horizon de placement plus long peuvent allouer une plus grande partie de leur portefeuille à des actifs plus risqués comme les actions, tandis que ceux ayant une tolérance au risque plus faible et un horizon de placement plus court peuvent privilégier des actifs plus conservateurs comme les obligations ou les liquidités.

4. Diversification : La répartition de l'actif aide les investisseurs à se diversifier, c'est-à-dire la pratique consistant à répartir les placements entre diverses catégories d'actifs afin de réduire le risque. La diversification peut aider à atténuer l'impact des actifs peu performants sur l'ensemble du portefeuille et à lisser les rendements au fil du temps.

5. Rééquilibrage : Le rééquilibrage régulier du portefeuille est un aspect essentiel du maintien de la répartition de l'actif souhaitée. Au fil du temps, la

performance des actifs individuels peut faire en sorte que l'allocation du portefeuille s'éloigne de la cible, ce qui nécessite un rééquilibrage périodique en vendant des actifs surpondérés et en achetant des actifs sous-pondérés.

6. Gestion passive ou gestion active : Les investisseurs peuvent aborder la répartition de l'actif par le biais de la gestion passive, en utilisant des fonds indiciels ou des FNB pour construire un portefeuille diversifié à faible coût, ou par le biais d'une gestion active, où un gestionnaire de portefeuille sélectionne activement des placements dans le but de surperformer le marché. Les deux stratégies ont leurs avantages et leurs inconvénients, et les investisseurs devraient choisir l'approche qui convient le mieux à leurs besoins et à leurs objectifs.

7. Répartition tactique de l'actif : Alors que la répartition stratégique de l'actif est axée sur la diversification à long terme du portefeuille, la répartition tactique de l'actif consiste à apporter des ajustements à court terme au portefeuille en fonction des conditions du marché, des tendances ou des occasions de placement. Cette approche peut aider les investisseurs à tirer parti des inefficiences ou des changements temporaires du marché, mais elle peut également nécessiter une gestion plus active et comporter des risques plus élevés.

La répartition de l'actif est un élément essentiel d'une stratégie de placement réussie, car elle peut aider les investisseurs à équilibrer le risque et le rendement, à diversifier leurs portefeuilles et à adapter leurs portefeuilles à leur tolérance au risque et à leurs objectifs de placement. En examinant attentivement leurs objectifs et leur situation financière, les investisseurs peuvent créer un portefeuille bien équilibré et diversifié qui peut résister aux fluctuations du marché et assurer un succès à long terme.

5.2 Équilibrer le risque et le rendement

Atteindre le bon équilibre entre le risque et la récompense est un aspect crucial d'un investissement réussi. En sélectionnant soigneusement les placements et en diversifiant leur portefeuille, les investisseurs peuvent gérer le risque tout en poursuivant leurs objectifs financiers. Voici quelques aspects clés de l'équilibre entre le risque et la récompense :

1. Comprendre le risque : Le risque lié à l'investissement fait référence à l'incertitude des rendements et au potentiel de pertes. Différents placements comportent différents niveaux de risque, les placements à risque plus élevé offrant généralement des rendements potentiels plus élevés. Les investisseurs devraient évaluer les risques associés à chaque investissement et déterminer leur propre tolérance au risque avant de prendre des décisions d'investissement.

2. Compromis risque-rendement : Le compromis risque-rendement est le principe selon lequel des rendements potentiels plus élevés s'accompagnent de risques plus élevés. En diversifiant leurs placements dans diverses catégories d'actifs et titres individuels, les investisseurs peuvent trouver un équilibre entre risque et rendement, en optimisant

leurs portefeuilles en fonction de leurs objectifs uniques et de leur tolérance au risque.

3. Tolérance au risque : La tolérance au risque d'un investisseur est sa capacité et sa volonté de résister aux fluctuations de la valeur de ses placements. Les facteurs qui influent sur la tolérance au risque comprennent l'horizon de placement, les objectifs financiers et la situation personnelle. Les investisseurs devraient évaluer leur tolérance au risque et ajuster leur répartition de l'actif en conséquence pour s'assurer qu'ils sont à l'aise avec le niveau de risque de leur portefeuille.

4. Diversification : La diversification est une stratégie clé pour gérer les risques et équilibrer les avantages potentiels. En investissant dans une combinaison d'actifs offrant différents niveaux de risque et de rendement, les investisseurs peuvent créer un portefeuille plus résistant aux fluctuations du marché et présentant un profil de rendement plus lisse au fil du temps.

5. Corrélation : La corrélation fait référence à la mesure dans laquelle les rendements des différents investissements évoluent ensemble. En incluant des placements ayant une corrélation faible ou négative dans leur portefeuille, les investisseurs peuvent réduire davantage le risque et améliorer la

diversification.

6. Rendements ajustés au risque : Les rendements ajustés au risque tiennent compte à la fois du rendement et du risque associés à un placement. Des mesures telles que le ratio de Sharpe, qui mesure le rendement ajusté au risque d'un placement, peuvent aider les investisseurs à comparer les investissements et à identifier ceux qui offrent le meilleur équilibre entre risque et rendement.

7. Surveillance et rééquilibrage : Il est essentiel de surveiller régulièrement le rendement des placements individuels et de l'ensemble du portefeuille pour maintenir l'équilibre souhaité entre le risque et le rendement. À mesure que les conditions du marché changent et que les placements se comportent différemment, les investisseurs peuvent devoir rééquilibrer leur portefeuille en ajustant leur répartition de l'actif pour maintenir leur niveau de risque cible et leurs objectifs de placement.

L'équilibre entre le risque et le rendement est un aspect crucial d'un investissement réussi. En comprenant les risques associés aux différents placements, en évaluant leur tolérance au risque et en utilisant des stratégies de diversification et de gestion des risques, les investisseurs peuvent créer un portefeuille bien équilibré qui offre une combinaison optimale de risque et de rendement, ce qui les positionne pour un succès à long terme.

5.3 Rotation sectorielle pour une croissance soutenue

La rotation sectorielle est une stratégie d'investissement qui consiste à déplacer la répartition d'un portefeuille entre divers secteurs de l'économie en réponse aux conditions changeantes du marché et aux cycles économiques. Cette approche vise à tirer parti des différentes caractéristiques de croissance et de rendement de chaque secteur, ce qui génère une croissance constante et réduit le risque global du portefeuille. Voici quelques aspects clés de la rotation sectorielle :

1. Cycles économiques: L'économie traverse différents cycles, tels que l'expansion, le pic, la contraction et le creux. Chaque phase du cycle économique a des effets variables sur différents secteurs, certains secteurs surperformant à des étapes spécifiques. En comprenant la relation entre les cycles économiques et la performance sectorielle, les investisseurs peuvent ajuster la répartition de leur portefeuille pour tirer parti de ces tendances.

2. Secteurs de tête, à la traîne et coïncidents: Les secteurs peuvent être classés en tête, en retard ou coïncidents en fonction de leur performance par rapport au marché global et au cycle économique. Les principaux secteurs ont tendance à surperformer le

marché au début d'un cycle économique, tandis que les secteurs à la traîne sous-performent jusqu'aux derniers stades du cycle. La performance des secteurs coïncidents suit généralement l'ensemble du marché.

3. Diversification : La rotation sectorielle contribue à la diversification du portefeuille en répartissant les investissements entre divers secteurs présentant des caractéristiques de risque et de rendement différentes. Cette approche peut aider à réduire la volatilité du portefeuille et à fournir des rendements plus constants au fil du temps.

4. Gestion active : La rotation sectorielle exige une gestion active et une compréhension approfondie des cycles économiques et du rendement du secteur. Les investisseurs doivent surveiller régulièrement les indicateurs économiques, les tendances du marché et la performance du secteur pour prendre des décisions d'allocation éclairées.

5. Fonds négociés en bourse (FNB) : Les FNB peuvent être un outil efficace pour mettre en œuvre une stratégie de rotation sectorielle. Les investisseurs peuvent facilement ajuster leur exposition à différents secteurs en négociant des FNB sectoriels, ce qui permet une plus grande flexibilité et des coûts de transaction inférieurs par rapport à l'achat et à la vente d'actions individuelles.

6. Calendrier et risques : L'exécution réussie d'une stratégie de rotation sectorielle nécessite un calendrier précis et une compréhension approfondie des tendances économiques et du marché. Des décisions d'allocation sectorielle mal opportunes peuvent entraîner une sous-performance et un risque accru. En outre, les stratégies de rotation sectorielle peuvent sous-performer pendant les périodes de turbulence du marché ou lorsque la performance sectorielle s'écarte des tendances historiques.

7. Évaluation du rendement : La surveillance du rendement d'une stratégie de rotation sectorielle est essentielle pour s'assurer que l'approche produit les résultats souhaités. Les investisseurs devraient examiner régulièrement la performance de leurs allocations sectorielles, en apportant les ajustements nécessaires pour maintenir leur niveau de risque cible et leurs objectifs d'investissement.

La rotation sectorielle est une stratégie d'investissement proactive qui vise à générer une croissance constante et à réduire le risque en ajustant la répartition du portefeuille en fonction de l'évolution des conditions du marché et des cycles économiques. En comprenant la relation entre les cycles économiques et le rendement du secteur, les investisseurs peuvent tirer parti de cette approche pour créer un portefeuille diversifié et résilient qui est bien positionné pour réussir à long terme.

5.4 Investir dans des actions internationales

Les actions internationales offrent aux investisseurs la possibilité de diversifier davantage leurs portefeuilles et de tirer parti du potentiel de croissance des économies à l'extérieur de leur pays d'origine. Investir dans des actions internationales peut offrir plusieurs avantages, mais comporte également des risques et des défis uniques. Voici quelques aspects clés de l'investissement dans les actions internationales :

1. Diversification : Investir dans des actions internationales permet aux investisseurs d'accéder à un plus large éventail d'industries, de sociétés et d'occasions de croissance, ce qui réduit la concentration du portefeuille et peut améliorer les rendements. L'exposition à différents marchés et cycles économiques peut aider à atténuer les risques associés à un seul pays ou à une seule région.

2. Opportunités de croissance : Les marchés émergents et en développement présentent souvent un potentiel de croissance plus élevé que les marchés matures en raison de facteurs tels que la croissance démographique, la demande croissante des consommateurs et l'augmentation des dépenses d'infrastructure. En investissant dans des actions internationales, les investisseurs peuvent exploiter

ces opportunités de croissance et potentiellement obtenir des rendements plus élevés.

3. Risque de change : Investir dans des actions internationales expose les investisseurs au risque de change, car les fluctuations des taux de change peuvent avoir une incidence sur la valeur des investissements étrangers. Bien que les fluctuations des devises puissent parfois améliorer les rendements, elles peuvent également entraîner des pertes. Les investisseurs doivent être conscients de ce risque et envisager des stratégies pour l'atténuer, telles que la couverture de change.

4. Risque politique et économique : Les actions internationales sont soumises à des risques politiques et économiques propres aux pays dans lesquels elles exercent leurs activités. Ces risques peuvent inclure l'instabilité politique, les ralentissements économiques, les changements de réglementation et les restrictions commerciales. Les investisseurs doivent étudier attentivement l'environnement politique et économique des pays dans lesquels ils investissent et être prêts à ajuster leurs portefeuilles si les conditions changent.

5. Considérations fiscales : Investir dans des actions internationales peut avoir des répercussions fiscales, comme des retenues d'impôt sur les

dividendes ou des gains en capital. Les investisseurs devraient consulter un fiscaliste pour comprendre les répercussions fiscales de leurs investissements internationaux et tirer parti de toute convention fiscale ou de tout crédit d'impôt qui pourrait s'appliquer.

6. Accès aux actions internationales : Les investisseurs peuvent accéder aux actions internationales par diverses méthodes, telles que l'achat direct d'actions sur des bourses étrangères, l'investissement dans des certificats de dépôt américains (ADR) ou l'utilisation de fonds communs de placement et de fonds négociés en bourse (FNB) axés sur les marchés internationaux. Chaque approche a ses avantages et ses inconvénients, et les investisseurs doivent examiner attentivement la meilleure méthode pour leurs besoins et leurs objectifs.

7. Recherche et analyse : La recherche et l'analyse des actions internationales peuvent être plus difficiles que les actions nationales en raison de facteurs tels que les barrières linguistiques, l'information limitée et les différences dans les normes comptables. Les investisseurs doivent être prêts à consacrer plus de temps et de ressources à la réalisation de recherches et d'analyses approfondies sur les investissements internationaux.

Investir dans des actions internationales peut offrir des avantages significatifs en termes de diversification, de potentiel de croissance et d'exposition à différents marchés et cycles économiques. Cependant, les investisseurs doivent également être conscients des risques et des défis uniques associés à l'investissement international et examiner attentivement leurs stratégies d'investissement et leurs techniques de gestion des risques afin de maximiser les avantages potentiels et de minimiser les risques potentiels.

Chapitre 6 : Maîtriser la psychologie du marché

6.1 Surmonter les préjugés courants des investisseurs

Les préjugés des investisseurs peuvent avoir une incidence importante sur la prise de décision et le rendement des placements. En reconnaissant et en surmontant ces biais, les investisseurs peuvent prendre des décisions plus éclairées et potentiellement améliorer leurs résultats de placement. Voici quelques préjugés courants des investisseurs et des stratégies pour les surmonter :

1. Biais de confirmation : Le biais de confirmation se produit lorsque les investisseurs recherchent et accordent plus d'attention aux informations qui soutiennent leurs croyances existantes tout en ignorant les preuves contradictoires. Pour surmonter le biais de confirmation, les investisseurs doivent rechercher activement des opinions diverses et des informations contradictoires, en remettant en question leurs propres hypothèses et croyances.

2. Biais d'excès de confiance : Le biais d'excès de confiance fait référence à la tendance d'un investisseur à surestimer ses propres capacités et

l'exactitude de ses prédictions. Pour lutter contre l'excès de confiance, les investisseurs doivent maintenir une attitude humble, reconnaître les limites de leurs connaissances et être ouverts à apprendre des autres et de leurs propres erreurs.

3. Biais d'ancrage : Le biais d'ancrage se produit lorsque les investisseurs se fient trop à une information initiale (le « point d'ancrage ») pour prendre des décisions. Pour surmonter le biais d'ancrage, les investisseurs devraient prendre en compte un plus large éventail de données et être disposés à ajuster leurs attentes et leurs valorisations à mesure que de nouvelles informations deviennent disponibles.

4. Aversion aux pertes: L'aversion aux pertes est la tendance des investisseurs à être plus sensibles aux pertes qu'aux gains, ce qui peut conduire à une prise de décision sous-optimale, comme conserver des investissements perdants trop longtemps ou vendre des investissements gagnants trop tôt. Pour lutter contre l'aversion aux pertes, les investisseurs doivent se concentrer sur la performance à long terme de leur portefeuille et prendre des décisions en fonction de leurs objectifs et de leur stratégie de placement globaux.

5. Mentalité de troupeau: La mentalité de troupeau

fait référence à la tendance des investisseurs à suivre les actions du marché en général ou de leurs pairs, ce qui entraîne souvent des décisions irrationnelles et des bulles de marché. Pour surmonter la mentalité de troupeau, les investisseurs doivent maintenir une approche d'investissement disciplinée, mener des recherches indépendantes et éviter de prendre des décisions basées uniquement sur le sentiment ou les tendances du marché.

6. Biais de récence : Le biais de récence se produit lorsque les investisseurs accordent plus de poids aux événements et aux informations récents qu'aux données historiques, ce qui conduit à un court-termisme et à une prise de décision réactive. Pour contrer le biais de récence, les investisseurs doivent se concentrer sur les tendances à long terme et les données historiques, et éviter de prendre des décisions impulsives basées sur les événements récents du marché.

7. Erreur des coûts irrécupérables : L'erreur des coûts irrécupérables fait référence à la tendance des investisseurs à continuer d'investir dans une position perdante en raison des ressources (temps, argent) déjà investies. Pour éviter l'erreur des coûts irrécupérables, les investisseurs devraient évaluer objectivement chaque investissement en fonction de son potentiel actuel et futur, plutôt que de se

concentrer sur les investissements passés.

En reconnaissant et en corrigeant ces préjugés courants des investisseurs, les particuliers peuvent prendre des décisions de placement plus rationnelles et éclairées, ce qui améliore le rendement de leurs placements et les aide à atteindre leurs objectifs financiers.

6.2 Naviguer dans la volatilité des marchés

La volatilité des marchés fait partie intégrante de l'investissement et peut entraîner des fluctuations importantes de la valeur d'un portefeuille de placements. Naviguer avec succès dans la volatilité des marchés est essentiel pour réussir à long terme des investissements. Voici quelques stratégies pour aider les investisseurs à gérer la volatilité des marchés :

1. Maintenir une perspective à long terme : Les investisseurs doivent se concentrer sur leurs objectifs de placement à long terme et éviter de réagir impulsivement aux fluctuations du marché à court terme. En maintenant une perspective à long terme, les investisseurs peuvent mieux résister à la volatilité des marchés et éviter de prendre des décisions fondées sur la peur ou la cupidité.

2. Diversification : La diversification est une stratégie clé pour gérer la volatilité des marchés. En investissant dans une combinaison d'actifs avec différents niveaux de risque et de rendement, les investisseurs peuvent créer un portefeuille plus résilient et moins sensible aux fortes fluctuations de valeur.

3. Rééquilibrez régulièrement votre portefeuille :

L'examen et l'ajustement périodiques de la répartition de l'actif dans un portefeuille peuvent aider les investisseurs à maintenir le niveau de risque et de rendement souhaité. Le rééquilibrage peut consister à vendre des actifs qui ont bien performé et à acheter des actifs sous-performants, ce qui aide à gérer les risques et à maintenir la diversification.

4. Achats périodiques par sommes fixes : Les achats périodiques par sommes fixes sont une stratégie qui consiste à investir régulièrement un montant fixe dans un placement particulier, quel que soit son prix actuel. Cette approche peut aider les investisseurs à gérer la volatilité des marchés en s'assurant d'acheter plus d'actions lorsque les prix sont bas et moins d'actions lorsque les prix sont élevés, ce qui peut réduire le coût global de leur investissement au fil du temps.

5. Élaborer un plan d'investissement : Avoir un plan d'investissement clair et bien défini peut aider les investisseurs à rester concentrés sur leurs objectifs et à éviter de prendre des décisions impulsives en réponse à la volatilité des marchés. Un plan d'investissement doit décrire les objectifs de l'investisseur, sa tolérance au risque, son horizon temporel et ses stratégies de placement préférées.

6. Gérer les émotions : La prise de décisions

émotionnelles peut mener à de mauvais choix d'investissement et exacerber l'impact de la volatilité des marchés. Les investisseurs devraient s'efforcer de maintenir une approche disciplinée et objective en matière d'investissement, en se concentrant sur les faits et les données plutôt que de laisser les émotions guider leurs décisions.

7. Demandez conseil à un professionnel : Travailler avec un conseiller financier ou un professionnel de l'investissement peut aider les investisseurs à naviguer dans la volatilité des marchés et à prendre des décisions plus éclairées. Les conseillers peuvent fournir des conseils, de l'expertise et une perspective objective, aidant les investisseurs à rester concentrés sur leurs objectifs à long terme et à prendre des décisions rationnelles dans des conditions de marché turbulentes.

En utilisant ces stratégies, les investisseurs peuvent mieux naviguer dans la volatilité des marchés et maintenir une approche disciplinée et à long terme en matière d'investissement. Ceci, à son tour, peut aider les investisseurs à atteindre leurs objectifs financiers et à se constituer un patrimoine au fil du temps, même face aux fluctuations du marché.

6.3 L'art de la patience et de la discipline

La patience et la discipline sont des qualités essentielles pour réussir à investir, permettant aux investisseurs de rester concentrés sur leurs objectifs à long terme et d'éviter d'être influencés par les fluctuations ou les émotions du marché à court terme. Cultiver la patience et la discipline peut mener à une prise de décision plus éclairée et, en fin de compte, améliorer le rendement des placements. Voici quelques conseils pour développer la patience et la discipline en matière d'investissement :

1. Fixer des objectifs de placement clairs : L'établissement d'objectifs de placement clairs, mesurables et réalisables peut aider les investisseurs à rester concentrés et à résister à la tentation de prendre des décisions impulsives. En ayant une cible bien définie, les investisseurs peuvent mieux aligner leurs décisions d'investissement sur leurs objectifs à long terme.

2. Élaborer un plan d'investissement complet : Un plan d'investissement bien pensé peut servir de feuille de route pour un investissement discipliné. Le plan devrait décrire la tolérance au risque, l'horizon temporel, la répartition de l'actif et les stratégies de placement privilégiées de l'investisseur. En adhérant à ce plan, les investisseurs peuvent maintenir leur

discipline et éviter de prendre des décisions fondées sur des émotions ou des événements de marché à court terme.

3. Adopter une perspective à long terme : L'adoption d'une perspective d'investissement à long terme peut aider les investisseurs à rester patients et à éviter de réagir impulsivement aux fluctuations du marché. Se concentrer sur le potentiel à long terme des investissements, plutôt que sur les gains ou les pertes à court terme, peut encourager la patience et la prise de décisions rationnelles.

4. Évitez l'investissement émotionnel : Reconnaître et gérer les émotions est essentiel pour maintenir la discipline en matière d'investissement. Les investisseurs devraient s'efforcer de prendre des décisions basées sur des données, des analyses et leur plan d'investissement, plutôt que d'être motivés par la peur, la cupidité ou d'autres émotions.

5. Effectuer un examen et un rééquilibrage réguliers du portefeuille : L'examen et le rééquilibrage périodiques d'un portefeuille peuvent aider les investisseurs à maintenir le niveau de risque et de rendement souhaité, ainsi qu'à maintenir leur plan de placement sur la bonne voie. Cette approche disciplinée peut également offrir des occasions d'évaluer et d'ajuster les stratégies d'investissement

au besoin.

6. Apprendre de l'expérience et des erreurs : Les investisseurs qui réussissent apprennent continuellement de leurs expériences et de leurs erreurs, en affinant leur approche d'investissement et leurs processus décisionnels. En restant ouverts à l'apprentissage et à la croissance, les investisseurs peuvent cultiver la patience et la discipline, devenant finalement des investisseurs plus efficaces.

7. Demandez du soutien et des conseils : L'établissement d'un réseau de conseillers, de mentors ou de pairs de confiance peut aider les investisseurs à rester disciplinés et concentrés sur leurs objectifs de placement. En partageant leurs expériences, leurs idées et leurs conseils, les investisseurs peuvent acquérir une perspective et un soutien précieux dans leur cheminement vers un investissement discipliné.

Développer la patience et la discipline en matière d'investissement est un processus continu qui peut mener à une prise de décision plus éclairée et à une amélioration du rendement des placements. En fixant des objectifs clairs, en élaborant un plan d'investissement complet et en maintenant une perspective à long terme, les investisseurs peuvent cultiver la patience et la discipline nécessaires pour réussir à long terme.

6.4 Cultiver un état d'esprit à contre-courant

Un état d'esprit à contre-courant est une approche d'investissement qui consiste à aller à l'encontre des tendances dominantes du marché ou des opinions populaires. Les investisseurs à contre-courant croient que la majorité des participants au marché peuvent se tromper et ils cherchent des occasions de capitaliser sur des actifs mal évalués résultant d'une mentalité de troupeau ou d'une prise de décision émotionnelle. Cultiver un état d'esprit à contre-courant peut mener à des décisions d'investissement plus éclairées et à des rendements potentiellement plus élevés. Voici quelques conseils pour élaborer une approche d'investissement à contre-courant :

1. Mener des recherches indépendantes : Les investisseurs à contre-courant se fient à leurs propres recherches et analyses plutôt qu'à l'opinion populaire. Cela implique de faire preuve d'une diligence raisonnable approfondie, d'examiner les états financiers et d'évaluer les conditions du marché afin d'identifier les opportunités d'investissement potentielles que d'autres pourraient négliger.

2. Remettre en question les opinions populaires : Pour cultiver un état d'esprit à contre-courant, les investisseurs doivent être ouverts à la remise en question des croyances largement répandues et à

l'examen de points de vue alternatifs. Cela peut aider à identifier les inefficiences du marché et à découvrir des opportunités que d'autres ne voient peut-être pas.

3. Accepter l'inconfort : Aller à contre-courant peut être inconfortable, mais les investisseurs à contre-courant doivent apprendre à accepter cet inconfort comme une partie nécessaire de leur stratégie d'investissement. En se sentant à l'aise avec le fait d'être minoritaires, les investisseurs à contre-courant peuvent prendre des décisions fondées sur leurs propres convictions plutôt que d'être influencés par le sentiment du marché.

4. Concentrez-vous sur la valeur : Les investisseurs à contre-courant recherchent souvent des investissements sous-évalués qui ont été négligés ou mal compris par le marché en général. En se concentrant sur la valeur, les anticonformistes peuvent identifier les opportunités ayant un potentiel d'appréciation important une fois que le marché reconnaît la vraie valeur de ces actifs.

5. Soyez patient : Les stratégies à contre-courant exigent souvent de la patience, car il peut s'écouler du temps avant que le sentiment du marché change et que les investissements sous-évalués s'apprécient. Les investisseurs doivent être prêts à conserver leurs

positions pendant de longues périodes et à attendre que leur thèse d'investissement se concrétise.

6. Gérer les risques : Bien que l'investissement à contre-courant puisse offrir des opportunités intéressantes, il comporte également des risques. Les investisseurs doivent gérer soigneusement leur exposition au risque en diversifiant leur portefeuille, en fixant des ordres stop-loss et en maintenant une approche disciplinée en matière d'achat et de vente.

7. Apprendre des anticonformistes qui réussissent : L'étude des stratégies et des philosophies des investisseurs à contre-courant qui réussissent, tels que Warren Buffett ou Sir John Templeton, peut fournir des informations précieuses et une inspiration pour développer un état d'esprit à contre-courant.

En cultivant un état d'esprit à contre-courant, les investisseurs peuvent prendre des décisions plus éclairées, identifier les opportunités sous-évaluées et potentiellement obtenir des rendements plus élevés. Cette approche nécessite une recherche indépendante, de la patience et la volonté de remettre en question les opinions populaires, mais elle peut être une stratégie enrichissante pour ceux qui sont disciplinés et engagés envers leurs principes d'investissement.

Chapitre 7 : Calendrier du marché

7.1 Identification des cycles du marché

Les cycles de marché sont les fluctuations naturelles qui se produisent sur les marchés financiers au fil du temps. Ils consistent en des périodes d'expansion (marchés haussiers) et de contraction (marchés baissiers), entraînées par divers facteurs économiques, géopolitiques et psychologiques. L'identification réussie des cycles de marché peut aider les investisseurs à prendre des décisions plus éclairées et potentiellement à améliorer le rendement de leurs placements. Voici quelques stratégies pour reconnaître et comprendre les cycles du marché :

1. Étudier les indicateurs économiques : Les indicateurs économiques, comme la croissance du PIB, les taux de chômage, l'inflation et la confiance des consommateurs, peuvent donner un aperçu de la santé globale de l'économie et aider les investisseurs à identifier les cycles du marché. En surveillant ces indicateurs, les investisseurs peuvent mieux comprendre l'état actuel de l'économie et anticiper les changements potentiels des conditions du marché.

2. Analyser les tendances du marché : Les

investisseurs doivent analyser régulièrement les tendances du marché , y compris les mouvements de prix, le volume des transactions et le sentiment du marché. Ces tendances peuvent aider les investisseurs à identifier les points de retournement potentiels dans les cycles du marché et à prendre des décisions plus éclairées sur le moment d'acheter ou de vendre des actifs.

3. Comprendre la psychologie du marché: Les cycles de marché sont souvent influencés par la psychologie et les émotions des investisseurs, telles que la peur et la cupidité. En comprenant le rôle que jouent les émotions dans les mouvements du marché, les investisseurs peuvent mieux anticiper les cycles du marché et prendre des décisions d'investissement plus rationnelles.

4. Surveillez les taux d'intérêt : Les taux d'intérêt jouent un rôle important dans les cycles du marché, car ils influent sur les coûts d'emprunt, les dépenses de consommation et les investissements des entreprises. Garder un œil sur les politiques des banques centrales et les tendances des taux d'intérêt peut aider les investisseurs à évaluer l'impact potentiel sur les conditions du marché et à anticiper les changements dans les cycles du marché.

5. Recherchez des modèles : Les modèles historiques

et les événements récurrents, tels que les tendances saisonnières, peuvent fournir des indices sur les cycles du marché. Bien que les performances passées ne garantissent pas les résultats futurs, la compréhension de ces tendances peut aider les investisseurs à prendre des décisions plus éclairées sur le moment d'entrer ou de sortir du marché.

6. Diversifiez vos sources d'information : Pour avoir une vue d'ensemble des cycles du marché, les investisseurs doivent diversifier leurs sources d'information, y compris les organes de presse, les analystes financiers et les rapports économiques. Cela peut aider les investisseurs à recueillir un plus large éventail de points de vue et à prendre des décisions plus éclairées.

7. Préparez-vous à l'incertitude : Bien qu'il soit crucial d'essayer d'identifier les cycles du marché, il est également essentiel de reconnaître qu'il est presque impossible de planifier parfaitement le marché. Les investisseurs doivent se préparer à l'incertitude et rester flexibles dans leurs stratégies d'investissement pour s'adapter aux conditions changeantes du marché.

En identifiant les cycles du marché et en comprenant les facteurs qui les stimulent, les investisseurs peuvent prendre des décisions plus éclairées sur le moment d'acheter ou de vendre des actifs. Cela peut potentiellement les aider à tirer parti des opportunités du marché et à améliorer leur rendement global en matière d'investissement. Cependant, les investisseurs devraient également reconnaître les défis inhérents au calendrier du marché et maintenir une approche disciplinée et à long terme en matière d'investissement.

7.2 Le pouvoir de l'étalement par sommes fixes

Les achats périodiques par sommes fixes (ACD) sont une stratégie de placement puissante qui consiste à investir constamment un montant fixe dans un actif ou un marché particulier à intervalles réguliers, quelles que soient les conditions du marché ou les fluctuations des prix. Cette approche disciplinée peut aider les investisseurs à gérer les risques, à naviguer dans la volatilité des marchés et potentiellement à améliorer le rendement des placements à long terme. Voici quelques-uns des principaux avantages des achats périodiques par sommes fixes :

1. Réduire l'impact de la volatilité des marchés : En investissant régulièrement au fil du temps, DCA aide à atténuer l'impact des fluctuations du marché sur un portefeuille de placements. Cela peut permettre aux investisseurs de maintenir plus facilement le cap pendant les périodes de volatilité des marchés et d'éviter de prendre des décisions impulsives fondées sur les mouvements de prix à court terme.

2. Éliminez le besoin de synchronisation du marché: Essayer de chronométrer le marché est notoirement difficile, même pour les investisseurs expérimentés. DCA élimine le besoin de synchronisation du marché en veillant à ce que les investisseurs investissent systématiquement sur le marché, qu'il soit à la

hausse ou à la baisse.

3. Réduction du coût moyen par action : Avec DCA, les investisseurs achètent plus d'actions lorsque les prix sont bas et moins d'actions lorsque les prix sont élevés. Au fil du temps, cela peut entraîner une baisse du coût moyen par action, ce qui pourrait améliorer le rendement des investissements.

4. Encourager l'investissement discipliné : Les achats périodiques par sommes fixes favorisent une approche disciplinée et à long terme en matière d'investissement en encourageant les investisseurs à respecter un calendrier de placement régulier. Cela peut aider les investisseurs à rester concentrés sur leurs objectifs à long terme et à éviter d'être influencés par les fluctuations ou les émotions du marché.

5. Simplifier les décisions d'investissement : Le DCA peut simplifier les décisions d'investissement en éliminant la nécessité d'essayer de chronométrer le marché ou de prévoir les mouvements de prix à court terme. Au lieu de cela, les investisseurs peuvent se concentrer sur l'investissement constant d'un montant fixe au fil du temps, ce qui leur permet de créer de la richesse progressivement.

6. Promouvoir l'épargne régulière : En s'engageant à

respecter un calendrier de placement régulier, DCA peut aider les investisseurs à prendre l'habitude d'épargner et d'investir régulièrement. Cela peut conduire à l'accumulation de richesse au fil du temps et contribuer à l'atteinte d'objectifs financiers à long terme.

La mise en œuvre d'une stratégie de calcul des prix fixes est relativement simple et peut être appliquée à divers types de placements, y compris les actions, les fonds communs de placement et les fonds négociés en bourse (FNB). En investissant constamment un montant fixe à intervalles réguliers, les investisseurs peuvent gérer le risque, naviguer dans la volatilité des marchés et potentiellement améliorer le rendement de leurs placements à long terme. Cependant, il est essentiel de se rappeler que DCA ne garantit pas un profit ou une protection contre les pertes dans un marché en baisse, et les investisseurs doivent examiner attentivement leur tolérance au risque et leurs objectifs financiers avant de mettre en œuvre cette stratégie.

7.3 Swing Trading pour des profits à court terme

Le swing trading est une stratégie de trading à court terme qui consiste à détenir des positions sur des actions, des ETF ou d'autres actifs pendant quelques jours à plusieurs semaines. L'objectif du swing trading est de capitaliser sur les fluctuations de prix à court terme et de générer des profits plus rapidement que les stratégies d'investissement à long terme. Voici quelques éléments clés du swing trading et des conseils pour réussir:

1. Analyse technique: Les traders swing s'appuient fortement sur l'analyse technique, qui consiste à étudier les graphiques et les modèles de prix pour identifier les points d'entrée et de sortie potentiels. Les indicateurs techniques, tels que les moyennes mobiles, l'indice de force relative (RSI) et les modèles de chandeliers, peuvent aider les traders swing à déterminer quand acheter ou vendre des actifs en fonction des mouvements de prix à court terme.

2. Gestion des risques : Une gestion efficace des risques est essentielle à la réussite du swing trading. Les swing traders devraient définir des ordres stop-loss pour limiter les pertes potentielles et ne risquer qu'un faible pourcentage de leur capital de trading sur chaque transaction. Cela peut aider à préserver le capital et à garantir que les traders peuvent rester

sur le marché même après une série de transactions perdantes.

3. Élaborez un plan de trading: Un plan de trading bien défini est crucial pour le succès du swing trading. Le plan devrait décrire des critères d'entrée et de sortie spécifiques, des règles de gestion des risques et des objectifs commerciaux. En adhérant à un plan de trading, les swing traders peuvent maintenir la discipline et éviter de prendre des décisions impulsives basées sur les émotions ou le bruit du marché.

4. Restez informé: Les traders swing devraient rester informés des nouvelles du marché, des rapports sur les bénéfices et d'autres événements susceptibles d'influencer les mouvements de prix à court terme. Rester à jour sur les développements du marché peut aider les traders à prendre des décisions plus éclairées et à ajuster rapidement leurs stratégies de trading en cas de besoin.

5. Soyez patient et discipliné : Un swing trading réussi nécessite de la patience et de la discipline. Les swing traders doivent attendre les bonnes occasions pour se présenter et éviter de surtrader ou de prendre des décisions impulsives basées sur les émotions. S'en tenir à un plan de trading bien défini et maintenir une approche disciplinée peut améliorer

les chances de succès dans le swing trading.

6. Diversifiez votre portefeuille: Les swing traders devraient diversifier leur portefeuille en négociant une variété d'actifs et de secteurs. Cela peut aider à répartir les risques et à offrir plus d'opportunités de trading, augmentant ainsi les chances de capturer des transactions rentables.

7. Apprendre et s'améliorer continuellement: Le swing trading est une compétence qui nécessite un apprentissage et une amélioration constants. Les traders doivent régulièrement revoir leurs performances de trading, apprendre de leurs erreurs et affiner leurs stratégies pour devenir plus efficaces au fil du temps.

Le swing trading peut être une stratégie rentable pour ceux qui sont prêts à investir le temps et les efforts nécessaires pour maîtriser les compétences et la discipline nécessaires. Cependant, il est essentiel de se rappeler que le trading à court terme comporte des risques plus élevés que l'investissement à long terme, et les traders doivent examiner attentivement leur tolérance au risque et leurs objectifs financiers avant de s'engager dans le swing trading.

7.4 Utilisation des Stop Loss et des objectifs de profit

Afin de gérer efficacement les risques et de protéger les profits dans les stratégies de trading à court et à long terme, il est important d'utiliser des stop loss et des objectifs de profit. Ces outils peuvent aider les investisseurs à maintenir la discipline, à limiter les pertes potentielles et à verrouiller les bénéfices lorsque des mouvements de prix favorables se produisent. Voici quelques informations clés sur l'utilisation des stop loss et des objectifs de profit:

1. Ordres Stop Loss: Un ordre stop loss est une instruction de vendre un actif lorsqu'il atteint un certain niveau de prix, limitant efficacement la perte potentielle de l'investisseur sur une transaction. Les ordres stop loss sont cruciaux pour la gestion des risques, car ils aident à protéger le capital commercial et à empêcher les pertes de devenir incontrôlables.

- Fixer des niveaux de stop loss raisonnables : Lors de l'établissement d'ordres stop loss, les investisseurs doivent tenir compte de la volatilité de l'actif, des fluctuations historiques des prix et de leur propre tolérance au risque. Définir des stop loss trop serrés peut entraîner l'arrêt prématuré d'une transaction, tandis que les définir trop large peut exposer les investisseurs à des pertes excessives.

2. Objectifs de profit: Un objectif de profit est un niveau de prix prédéterminé auquel un investisseur prévoit de vendre un actif pour bloquer des gains. Fixer des objectifs de profit peut aider les investisseurs à maintenir la discipline et à éviter de conserver une transaction gagnante trop longtemps, ce qui peut entraîner une perte de profits.

- Tenir compte des ratios risque-rendement: Lors de l'établissement des objectifs de profit, les investisseurs doivent tenir compte du rapport risque-rendement de leurs transactions. Ce ratio compare le profit potentiel d'une transaction à la perte potentielle, aidant les investisseurs à déterminer si une transaction vaut la peine d'être prise. Un ratio risque-rendement favorable (par exemple, 2:1 ou plus) peut améliorer les chances de succès commercial à long terme.

3. Trailing Stop Loss: Un stop loss suiveur est un ordre stop loss dynamique qui évolue avec le prix de l'actif, bloquant les bénéfices à mesure que le prix augmente tout en offrant une protection contre un renversement soudain. Les stop loss suiveurs peuvent être un moyen efficace d'obtenir des gains sur les marchés en tendance sans quitter prématurément une transaction.

4. Adapter les Stop Loss et les objectifs de profit : Les conditions du marché et les prix des actifs peuvent changer rapidement, il est donc essentiel pour les investisseurs de réévaluer régulièrement leurs objectifs de stop loss et de profit. L'ajustement de ces niveaux en fonction de nouvelles informations ou de l'évolution de la dynamique du marché peut aider à optimiser la gestion des risques et les stratégies de prise de bénéfices.

5. Utilisez les Stop Loss et les objectifs de profit de manière cohérente : Afin de gérer efficacement les risques et de protéger les profits, les investisseurs doivent appliquer systématiquement des stratégies stop loss et de profit target à toutes leurs transactions. Cette approche disciplinée peut aider à minimiser les pertes et à maximiser les gains au fil du temps.

En utilisant des stop loss et des objectifs de profit, les investisseurs peuvent mieux gérer les risques et protéger leur capital de négociation, tout en bloquant les bénéfices lorsque des mouvements de prix favorables se produisent. Ces outils peuvent être précieux pour les traders à court terme et les investisseurs à long terme, les aidant à maintenir la discipline et à améliorer leur performance globale en matière d'investissement.

Chapitre 8 : Investir fiscalement judicieusement

8.1 Comprendre les gains et les pertes en capital

Investir dans le marché boursier peut avoir des répercussions fiscales importantes, et il est essentiel de comprendre les gains et les pertes en capital pour investir judicieusement sur le plan fiscal. Les gains et pertes en capital sont les profits ou les pertes réalisés lors de la vente ou de la cession d'un actif. La gestion efficace de ces gains et pertes peut vous aider à minimiser votre impôt à payer et à maximiser le rendement de vos placements après impôt. Voici quelques concepts clés liés aux gains et pertes en capital :

1. Gains en capital : Un gain en capital se produit lorsqu'un actif est vendu à un prix plus élevé que son prix d'achat (également appelé prix de base). Les gains en capital sont généralement imposables et le taux d'imposition dépend du niveau de revenu de l'investisseur et de la période de détention de l'actif.

- Gains en capital à court terme : Les gains provenant d'actifs détenus pendant un an ou moins sont considérés comme des gains en capital à court terme et sont imposés au taux d'imposition ordinaire de l'investisseur.

- Gains en capital à long terme : Les gains provenant d'actifs détenus pendant plus d'un an sont considérés comme des gains en capital à long terme et sont généralement imposés à un taux inférieur à celui des gains en capital à court terme, ce qui rend l'investissement à long terme plus avantageux sur le plan fiscal.

2. Pertes en capital : Une perte en capital se produit lorsqu'un actif est vendu à un prix inférieur à son prix d'achat. Les pertes en capital peuvent être utilisées pour compenser les gains en capital, réduisant ainsi l'impôt global à payer par l'investisseur.

- Déduction pour perte en capital : Si les pertes en capital dépassent les gains en capital au cours d'une année d'imposition donnée, les investisseurs peuvent généralement déduire jusqu'à un certain montant de la perte nette de leur revenu imposable, ce qui réduit encore leur obligation fiscale. Toutes les pertes restantes peuvent être reportées prospectivement pour compenser les gains dans les années futures.

3. Récolte des pertes fiscales : La récolte des pertes fiscales est une stratégie qui consiste à

vendre des actifs sous-performants pour réaliser des pertes en capital, qui peuvent ensuite être utilisées pour compenser les gains en capital provenant d'autres investissements. Cela peut aider à minimiser l'obligation fiscale de l'investisseur et potentiellement augmenter les rendements après impôt.

4. Tenez des registres : Les investisseurs doivent tenir des registres détaillés de leurs opérations de placement, y compris les dates d'achat et de vente, les prix et les frais. Ces registres seront essentiels pour calculer avec exactitude les gains et les pertes en capital et préparer les déclarations de revenus.

5. Consultez un fiscaliste : Les lois fiscales peuvent être complexes et sujettes à changement, il est donc essentiel de consulter un fiscaliste pour assurer la conformité et optimiser les stratégies d'économie d'impôt. Un conseiller fiscal peut vous fournir des conseils personnalisés en fonction de votre situation financière et de vos objectifs de placement.

En comprenant les gains et les pertes en capital et en mettant en œuvre des stratégies de placement fiscalement judicieuses, les investisseurs peuvent minimiser leur impôt à payer et maximiser le rendement de leurs placements après impôt. Cela peut être particulièrement important pour les investisseurs à long terme, car l'impact des impôts sur le rendement des investissements peut être important au fil du temps.

8.2 Maximiser l'efficience fiscale

Maximiser l'efficacité fiscale est crucial pour les investisseurs qui cherchent à optimiser leurs rendements après impôt. En mettant en œuvre des stratégies de placement fiscalement avantageuses, vous pouvez minimiser l'incidence de l'impôt sur vos placements et conserver une plus grande part de vos gains durement gagnés. Voici quelques conseils pour maximiser l'efficacité fiscale de votre portefeuille de placements :

1. Détenir des placements à long terme : Les gains en capital à long terme (provenant d'actifs détenus depuis plus d'un an) sont généralement imposés à un taux inférieur à celui des gains en capital à court terme. Détenir des placements à long terme peut vous aider à profiter de ces taux d'imposition préférentiels et à réduire votre obligation fiscale globale.

2. Utilisez des comptes fiscalement avantageux: Les comptes fiscalement avantageux, tels que les comptes de retraite individuels (IRA) et les plans 401 (k), peuvent offrir des avantages fiscaux importants. Les cotisations à ces comptes peuvent être déductibles d'impôt, et les placements fructifient à l'abri de l'impôt ou de l'impôt, selon le type de compte. L'utilisation de ces comptes peut vous aider

à économiser sur les impôts et à maximiser le rendement de vos placements à long terme.

3. Considérez les obligations municipales: Les revenus d'intérêts provenant d'obligations municipales sont généralement exonérés de l'impôt fédéral sur le revenu et, dans certains cas, des impôts étatiques et locaux. L'inclusion d'obligations municipales dans votre portefeuille peut vous procurer un revenu libre d'impôt et vous aider à diversifier vos placements.

4. Récolte des pertes fiscales : Comme nous l'avons mentionné précédemment, la récolte des pertes fiscales consiste à vendre des placements sous-performants pour réaliser des pertes en capital, qui peuvent ensuite être utilisées pour compenser les gains en capital provenant d'autres placements. Cette stratégie peut vous aider à réduire votre obligation fiscale globale et potentiellement à augmenter vos déclarations après impôt.

5. Investir dans des fonds fiscalement avantageux : Certains fonds communs de placement et fonds négociés en bourse (FNB) sont conçus pour minimiser les distributions imposables en gérant leurs portefeuilles de manière fiscalement avantageuse. Envisagez d'investir dans ces fonds fiscalement avantageux afin de réduire l'incidence de

l'impôt sur le rendement de vos placements.

6. Rééquilibrage des comptes fiscalement avantageux : Lorsque vous rééquilibrez votre portefeuille, envisagez d'effectuer des opérations dans des comptes fiscalement avantageux plutôt que dans des comptes imposables. Cela peut vous aider à éviter de déclencher des événements imposables, comme des gains en capital, lorsque vous achetez ou vendez des placements.

7. Examinez votre portefeuille régulièrement : Examinez régulièrement votre portefeuille de placements pour vous assurer qu'il demeure fiscalement avantageux et conforme à vos objectifs financiers. Cela peut impliquer l'ajustement de votre répartition de l'actif, le rééquilibrage ou la mise en œuvre de stratégies de récupération des pertes fiscales.

En intégrant ces stratégies fiscalement avantageuses à votre plan de placement, vous pouvez minimiser l'incidence de l'impôt sur votre portefeuille et maximiser vos rendements après impôt. Il est essentiel de consulter un fiscaliste ou un conseiller financier pour assurer le respect des lois fiscales et recevoir des conseils personnalisés adaptés à votre situation financière particulière.

8.3 Comptes de placement fiscalement avantageux

Les comptes de placement fiscalement avantageux sont spécialement conçus pour offrir des avantages fiscaux qui peuvent vous aider à épargner en vue de la retraite, des études ou d'autres objectifs financiers à long terme. L'utilisation de ces comptes peut améliorer considérablement le rendement global de vos placements en minimisant les impôts sur vos placements. Voici quelques-uns des comptes de placement fiscalement avantageux les plus courants :

1. Comptes de retraite individuels (IRA): Les IRA sont des comptes d'épargne-retraite qui offrent des avantages fiscaux pour vous aider à épargner pour la retraite. Il existe deux principaux types d'IRA :

   - IRA traditionnel: Les contributions à un IRA traditionnel peuvent être déductibles d'impôt, en fonction de votre revenu et de votre participation à un régime de retraite parrainé par l'employeur. Les revenus de placement augmentent à l'abri de l'impôt, et les retraits à la retraite sont imposés comme un revenu ordinaire.

   - Roth IRA: Les contributions à un Roth IRA sont faites avec des dollars après impôt, et les retraits à la retraite sont libres d'impôt, à condition que certaines conditions soient remplies. Les revenus de placement augmentent également à l'abri de l'impôt dans un Roth IRA, ce qui en fait une option attrayante pour ceux qui s'attendent à être dans une tranche d'imposition plus élevée à la retraite.

2. Régimes 401 (k): Un 401 (k) est un régime d'épargne-retraite parrainé par l'employeur qui permet aux employés de cotiser une partie de leur salaire avant impôt au régime. Les revenus de placement augmentent à l'abri de l'impôt, et les retraits à la retraite sont imposés comme un revenu ordinaire. Certains employeurs offrent également des options Roth 401 (k), qui combinent les fonctionnalités des plans 401 (k) traditionnels et des IRA Roth.

3. Régimes 403 (b) et 457: Ces plans sont similaires aux plans 401 (k), mais sont conçus pour les employés des établissements d'enseignement publics, des organisations à but non lucratif et des organisations gouvernementales. Comme les régimes 401 (k), les cotisations sont effectuées avec des dollars avant impôt, les revenus de placement augmentent à l'abri de l'impôt et les retraits à la retraite sont imposés comme un revenu ordinaire.

4. 529 régimes d'épargne collégiale : Un régime 529 est un compte de placement fiscalement avantageux conçu pour vous aider à épargner en vue de vos

dépenses d'études futures. Les cotisations à un régime 529 sont versées avec des dollars après impôt, et les revenus de placement augmentent à l'abri de l'impôt. Les retraits pour les frais d'études admissibles, tels que les frais de scolarité, les frais et les manuels, sont également libres d'impôt.

5. Comptes d'épargne santé (HSA): Les HSA sont des comptes fiscalement avantageux conçus pour vous aider à épargner pour les dépenses de santé. Les cotisations à une HSA sont déductibles d'impôt, les revenus de placement augmentent à l'abri de l'impôt et les retraits pour frais médicaux admissibles sont libres d'impôt. Les HSA sont disponibles pour les personnes inscrites à un régime de santé à franchise élevée (HDHP).

En utilisant ces comptes de placement fiscalement avantageux, vous pouvez minimiser l'impact de l'impôt sur le rendement de vos placements et atteindre plus efficacement vos objectifs financiers à long terme. Assurez-vous de consulter un conseiller financier ou un fiscaliste pour déterminer quels comptes fiscalement avantageux conviennent à votre situation financière et à vos objectifs particuliers.

8.4 Stratégies de planification fiscale de fin d'exercice

La planification fiscale de fin d'année est un élément essentiel de la gestion de votre portefeuille de placements et de la réduction de votre impôt à payer. La mise en œuvre de stratégies de planification fiscale efficaces avant la fin de l'année peut vous aider à optimiser le rendement de vos placements après impôt et à tirer parti des avantages fiscaux disponibles. Voici quelques stratégies clés pour la planification fiscale de fin d'exercice :

1. Examinez votre portefeuille de placements : Évaluez votre portefeuille pour déterminer les gains et pertes en capital réalisés, ainsi que les possibilités potentielles de récolte de pertes fiscales. C'est aussi un bon moment pour rééquilibrer votre portefeuille et vous assurer qu'il reste aligné sur vos objectifs financiers et votre tolérance au risque.

2. Récolte des pertes fiscales : Comme nous l'avons mentionné précédemment, la récolte des pertes fiscales consiste à vendre des placements sous-performants pour réaliser des pertes en capital, qui peuvent ensuite être utilisées pour compenser les gains en capital provenant d'autres placements. La mise en œuvre de cette stratégie avant la fin de l'année peut aider à réduire votre obligation fiscale

globale pour l'année.

3. Maximisez les contributions aux comptes fiscalement avantageux: Assurez-vous d'avoir contribué le montant maximum autorisé à vos comptes fiscalement avantageux, tels que les IRA, les 401 (k) s et les HSA. Ces cotisations peuvent potentiellement réduire votre revenu imposable et vous aider à économiser de l'impôt.

4. Évaluez votre tranche d'imposition : Examinez votre revenu imposable projeté pour l'année et déterminez si vous êtes sur le point de passer à une tranche d'imposition supérieure ou inférieure. Selon votre situation, vous voudrez peut-être accélérer ou reporter certains revenus ou déductions afin d'optimiser votre situation fiscale.

5. Tenir compte des dons de bienfaisance : Faire des dons de bienfaisance avant la fin de l'année peut procurer des avantages fiscaux, car les dons à des organismes de bienfaisance admissibles peuvent être déductibles d'impôt. Assurez-vous de tenir des registres de vos dons et consultez un fiscaliste pour vous assurer de maximiser vos déductions.

6. Planifiez les distributions minimales requises (RMD): Si vous avez 72 ans ou plus et que vous avez un IRA traditionnel ou un autre compte de retraite

à imposition différée, vous êtes généralement tenu de prendre une distribution minimale du compte chaque année. Assurez-vous de prendre votre DMR avant la fin de l'année pour éviter d'éventuelles pénalités fiscales.

7. Évaluez les options de placement fiscalement avantageuses : Envisagez d'investir dans des instruments de placement fiscalement avantageux, comme des obligations municipales libres d'impôt ou des fonds communs de placement et FNB gérés par l'impôt, afin de réduire l'incidence de l'impôt sur le rendement de vos placements.

8. Consultez un fiscaliste : La planification fiscale de fin d'année peut être complexe et les lois fiscales sont sujettes à changement. Consultez un fiscaliste pour vous assurer de profiter de tous les avantages fiscaux disponibles et de mettre en œuvre les stratégies les plus efficaces pour votre situation financière particulière.

En mettant en œuvre ces stratégies de planification fiscale de fin d'exercice, vous pouvez optimiser vos rendements de placement après impôt et minimiser votre obligation fiscale. Assurez-vous de consulter un conseiller financier ou un fiscaliste pour recevoir des conseils personnalisés adaptés à votre situation financière et à vos objectifs particuliers.

Chapitre 9 : Bâtir de la richesse grâce au revenu passif

9.1 Le pouvoir du réinvestissement des dividendes

Le réinvestissement des dividendes est une stratégie puissante qui peut considérablement améliorer le rendement de vos placements à long terme et vous aider à créer un patrimoine grâce à un revenu passif. En réinvestissant les dividendes, vous pouvez profiter de l'effet composé, qui permet à vos placements de croître à un rythme accéléré au fil du temps. Voici comment fonctionne le réinvestissement des dividendes et pourquoi il s'agit d'un élément essentiel d'une stratégie de revenu passif :

1. Comprendre les dividendes : Les dividendes sont des paiements effectués par les entreprises à leurs actionnaires afin de distribuer une partie de leurs bénéfices. Les actions versant des dividendes peuvent fournir un flux régulier de revenus aux investisseurs, qui peuvent être utilisés pour les frais de subsistance, réinvestis ou épargnés pour une utilisation future.

2. Réinvestissement des dividendes : Au lieu de prendre des dividendes en espèces, le réinvestissement des dividendes consiste à utiliser

les paiements de dividendes pour acheter des actions supplémentaires. Cela peut se faire automatiquement au moyen d'un régime de réinvestissement des dividendes (RRD) ou en réinvestissant manuellement le produit du dividende.

3. Effet composé : Le pouvoir du réinvestissement des dividendes réside dans l'effet composé. En réinvestissant vos dividendes, vous augmentez effectivement le nombre d'actions que vous possédez, ce qui génère plus de dividendes à l'avenir. Au fil du temps, cela crée un effet boule de neige, permettant à vos placements de croître à un rythme accéléré et pouvant entraîner des rendements substantiels à long terme.

4. Avantages du réinvestissement des dividendes :

- Croissance accélérée du portefeuille : Le réinvestissement des dividendes peut vous aider à faire croître votre portefeuille de placements plus rapidement, car l'effet composé permet à vos placements d'augmenter de façon exponentielle au fil du temps.

- Achats périodiques par sommes fixes : Le réinvestissement des dividendes vous permet de tirer parti des achats périodiques par sommes fixes, car vous achetez constamment des actions supplémentaires à différents prix. Cela peut aider à réduire l'impact de la volatilité des marchés sur vos placements.

Établissement de patrimoine à long terme: En réinvestissant les dividendes et en exploitant le pouvoir de la capitalisation, vous pouvez créer un patrimoine substantiel à long terme et générer un flux de revenus passif qui peut vous aider à atteindre vos objectifs financiers.

- Efficacité fiscale : Dans certains cas, le réinvestissement des dividendes peut être plus avantageux sur le plan fiscal que la prise de dividendes en espèces, car vous pouvez reporter l'impôt sur les dividendes réinvestis jusqu'à ce que vous vendiez les actions.

5. Mise en œuvre du réinvestissement des dividendes : Pour commencer à réinvestir les dividendes, vous pouvez vous inscrire à un RRD offert par la société ou votre maison de courtage, ou vous pouvez réinvestir manuellement les dividendes en achetant des actions supplémentaires de l'action. Assurez-vous de consulter un conseiller financier ou un fiscaliste pour vous assurer que vous mettez en œuvre une stratégie de réinvestissement des dividendes qui correspond à vos buts et objectifs financiers spécifiques.

En utilisant le pouvoir du réinvestissement des dividendes, vous pouvez créer un flux de revenu

passif qui augmente au fil du temps, ce qui vous aide
à bâtir un patrimoine à long terme et à atteindre vos
objectifs financiers.

9.2 Fiducies de placement immobilier (FPI)

Les fiducies de placement immobilier (FPI) sont une option attrayante pour les investisseurs qui cherchent à générer un revenu passif et à diversifier leur portefeuille de placements. Les FPI sont des sociétés qui possèdent, gèrent ou financent des biens immobiliers productifs de revenus, permettant aux investisseurs de gagner une part des revenus locatifs et de l'appréciation de la propriété. Voici un aperçu des FPI et de leurs avantages pour les investisseurs à revenu passif :

1. Types de FPI : Les FPI peuvent être classées en plusieurs types, en fonction des propriétés qu'elles possèdent et de leurs stratégies d'investissement :

- FPI avec participation: Ces FPI possèdent et gèrent des propriétés productrices de revenus, telles que des immeubles d'appartements, des immeubles de bureaux, des centres commerciaux et des hôtels. Les FPI avec participation génèrent des revenus principalement grâce à la perception des loyers et à l'appréciation de la propriété.

- FPI hypothécaires: Ces FPI investissent dans des hypothèques ou des titres adossés à des créances hypothécaires, générant des revenus grâce au paiement d'intérêts sur leurs portefeuilles de prêts.

- FPI hybrides: Ces FPI combinent des éléments de FPI d'actions et de FPI hypothécaires, investissant à la fois dans des propriétés et des hypothèques.

2. Avantages d'investir dans des FPI :

- Revenu passif: Les FPI sont tenues par la loi de distribuer au moins 90% de leur revenu imposable aux actionnaires sous forme de dividendes, ce qui en fait une option attrayante pour les investisseurs à la recherche d'un flux régulier de revenus passifs.

- Diversification: Investir dans des FPI vous permet de diversifier votre portefeuille de placements en ajoutant une exposition au secteur immobilier, ce qui peut aider à réduire le risque global du portefeuille.

- Liquidité: Les FPI cotées en bourse sont achetées et vendues sur les principales bourses, offrant liquidité et facilité de négociation par rapport aux investissements immobiliers directs.

- Gestion professionnelle: Les FPI sont gérées par des professionnels expérimentés qui supervisent l'acquisition, la gestion et le financement de propriétés, vous permettant de bénéficier de leur expertise sans avoir à gérer vous-même vos investissements immobiliers.

3. Comment investir dans des FPI : Il existe plusieurs façons d'investir dans des FPI, notamment :

- Achat direct d'actions de FPI individuelles en bourse.

- Investir dans des fonds communs de placement de FPI ou des fonds négociés en bourse (FNB), qui offrent une exposition à un portefeuille diversifié de FPI.

- Investir dans des fonds indiciels ou des FNB axés sur l'immobilier, qui peuvent inclure des FPI dans leurs avoirs.

Lorsque vous investissez dans des FPI, il est essentiel de mener des recherches approfondies et une diligence raisonnable pour vous assurer que vous choisissez des FPI de haute qualité dotées d'équipes de gestion solides, de portefeuilles immobiliers diversifiés et d'antécédents de génération de revenus constants. Assurez-vous de consulter un conseiller financier pour déterminer si les FPI sont un ajout approprié à votre portefeuille de placements et comment elles peuvent vous aider à atteindre vos objectifs de revenu passif.

9.3 Sociétés en commandite principales (MLP)

Les sociétés en commandite principales (MLP) sont un type unique de véhicule de placement qui peut offrir aux investisseurs la possibilité de générer un revenu passif tout en bénéficiant des avantages fiscaux d'une structure de partenariat. Les MLP sont principalement impliquées dans le secteur de l'énergie, en se concentrant sur le transport, le stockage et le traitement des ressources naturelles telles que le pétrole et le gaz naturel. Voici un aperçu des MLP et de leurs avantages potentiels pour les investisseurs à revenu passif :

1. Comprendre les MLP : Les MLP sont des sociétés de personnes cotées en bourse qui émettent des parts au lieu d'actions. En tant que porteur de parts, vous êtes considéré comme un commanditaire dans le MLP, ce qui vous donne droit à une part du revenu, des déductions et des avantages fiscaux de la société de personnes.

2. Avantages fiscaux: L'un des principaux attraits des MLP est leur structure fiscale. Contrairement aux sociétés, les MLP ne sont pas soumises à une double imposition. Au lieu de cela, le revenu de la société de personnes n'est imposé qu'au niveau de l'associé individuel. Cela signifie que les MLP peuvent souvent distribuer un pourcentage plus élevé de leur revenu

aux porteurs de parts par rapport aux sociétés, ce qui peut entraîner des rendements plus élevés.

3. Revenu passif : Les MLP sont connus pour leurs rendements de distribution constants et souvent attrayants, ce qui en fait un choix populaire parmi les investisseurs à la recherche de revenus. Les revenus générés par les MLP proviennent principalement de contrats stables et à long terme dans le secteur de l'énergie, fournissant une source fiable de flux de trésorerie.

4. Diversification : Investir dans des MLP peut vous aider à diversifier votre portefeuille de placements en offrant une exposition au secteur de l'énergie, qui a souvent une faible corrélation avec d'autres classes d'actifs. Cela peut aider à réduire le risque global de votre portefeuille.

5. Comment investir dans les MLP : Il existe plusieurs façons d'investir dans les MLP, notamment :

- Achat direct d'unités MLP en bourse.

- Investir dans des fonds communs de placement axés sur les MLP ou des fonds négociés en bourse (FNB), qui offrent une exposition à un portefeuille diversifié de MLP.

- Investir dans des fonds fermés MLP, qui sont des portefeuilles gérés activement de MLP qui se négocient en bourse.

Lorsque vous investissez dans des MLP, il est essentiel de tenir compte des implications fiscales potentielles et des exigences de déclaration associées à ces investissements. Les porteurs de parts de MLP sont tenus de déclarer leur part du revenu, des déductions et des crédits d'impôt de la société de personnes dans leur déclaration de revenus personnelle, ce qui peut augmenter la complexité de votre déclaration de revenus. Assurez-vous de consulter un conseiller financier ou un fiscaliste pour déterminer si les MLP sont un ajout approprié à votre portefeuille de placements et comment ils peuvent vous aider à atteindre vos objectifs de revenu passif.

9.4 Plateformes de prêt entre particuliers

Les plateformes de prêt entre particuliers (P2P) sont un moyen innovant de générer des revenus passifs en accordant des prêts à des particuliers ou à des entreprises ayant besoin de financement. Ces plateformes mettent en relation les emprunteurs avec des investisseurs prêts à prêter de l'argent en échange de paiements d'intérêts. Voici un aperçu des plateformes de prêt P2P et de leurs avantages potentiels pour les investisseurs à revenu passif :

1. Comprendre les prêts P2P: Les plateformes de prêt P2P agissent comme des intermédiaires entre les emprunteurs et les investisseurs, facilitant le processus de prêt et gérant la souscription, le remboursement et le recouvrement des prêts. En tant qu'investisseur, vous pouvez choisir de prêter de l'argent à une variété d'emprunteurs ayant des profils de crédit, des fins de prêt et des taux d'intérêt différents, ce qui vous permet de personnaliser votre portefeuille de placements en fonction de votre tolérance au risque et de vos objectifs de revenu.

2. Avantages potentiels des prêts P2P :

  - Rendements attrayants: Les prêts P2P peuvent offrir des rendements plus élevés que les investissements à revenu fixe traditionnels, tels que les obligations ou les comptes d'épargne, en raison des taux d'intérêt plus élevés facturés aux emprunteurs.

- Diversification: Investir dans des prêts P2P peut aider à diversifier votre portefeuille d'investissement en offrant une exposition à une classe d'actifs alternative qui peut avoir une faible corrélation avec les investissements traditionnels comme les actions et les obligations.

- Personnalisation: Les plateformes de prêt P2P vous permettent de sélectionner des prêts individuels en fonction de votre tolérance au risque, des rendements souhaités et des critères d'investissement, ce qui vous permet de constituer un portefeuille d'investissement personnalisé qui correspond à vos objectifs financiers.

3. Risques associés aux prêts P2P :

- Risque de défaut: Les prêts P2P ne sont pas garantis, ce qui signifie qu'il n'y a pas de garantie pour soutenir le prêt en cas de défaut de l'emprunteur. En conséquence, le principal risque associé aux prêts P2P est la possibilité d'un défaut de paiement de l'emprunteur, ce qui pourrait entraîner une perte de votre capital investi.

- Risque de liquidité: Les prêts P2P ne sont pas aussi liquides que les investissements traditionnels comme les actions ou les obligations, qui peuvent être facilement achetés et vendus en bourse. Bien que certaines plateformes de prêt P2P offrent des marchés secondaires pour les prêts commerciaux, il n'y a aucune garantie que vous serez en mesure de vendre vos prêts rapidement ou au prix souhaité.

4. Comment démarrer avec les prêts P2P: Pour commencer à investir dans les prêts P2P, vous pouvez créer un compte auprès d'une plate-forme de prêt P2P réputée, telle que LendingClub, Prosper ou Funding Circle. Une fois votre compte configuré, vous pouvez parcourir les prêts disponibles, examiner les profils des emprunteurs et choisir les prêts dans lesquels investir en fonction de vos critères d'investissement.

Avant d'investir dans des prêts P2P, il est essentiel de mener des recherches approfondies et une diligence raisonnable sur la plate-forme de prêt et les prêts individuels que vous envisagez. Assurez-vous de consulter un conseiller financier pour déterminer si le prêt P2P est un ajout approprié à votre portefeuille de placements et comment il peut vous aider à atteindre vos objectifs de revenu passif.

Chapitre 10 : Rester sur la bonne voie pour la liberté financière

10.1 Suivi et ajustement réguliers de votre portefeuille

Atteindre la liberté financière grâce à un revenu passif nécessite des efforts constants dans le suivi et l'ajustement de votre portefeuille de placements. À mesure que les marchés évoluent et que vos objectifs financiers changent, il est essentiel de réévaluer vos placements et d'apporter des ajustements en conséquence. Dans cette section, nous discuterons de l'importance de surveiller et d'ajuster régulièrement votre portefeuille pour rester sur la bonne voie pour la liberté financière :

1. Examinez le rendement de vos placements : Évaluez régulièrement le rendement de vos placements pour vous assurer qu'ils correspondent à vos objectifs financiers. Cela comprend la comparaison du rendement de vos placements à leurs indices de référence respectifs, ainsi que l'évaluation du rendement global de votre portefeuille par rapport à vos objectifs.

2. Rééquilibrez votre portefeuille : Au fil du temps, la répartition de vos actifs peut changer en raison

des fluctuations du rendement du marché. Le rééquilibrage de votre portefeuille consiste à ajuster vos placements pour maintenir votre répartition cible de l'actif, ce qui peut aider à contrôler le risque et à vous assurer que votre portefeuille reste aligné sur votre stratégie de placement.

3. Réévaluez votre tolérance au risque : À mesure que vous progressez dans différentes étapes de votre vie, votre tolérance au risque peut changer. Réévaluer régulièrement votre tolérance au risque peut vous aider à apporter les ajustements nécessaires à votre portefeuille pour refléter votre situation financière actuelle et vos objectifs.

4. Mettez à jour vos objectifs de placement : Vos objectifs financiers peuvent évoluer au fil du temps, que ce soit en raison de changements dans votre situation personnelle ou de changements dans vos priorités. Examinez et mettez à jour périodiquement vos objectifs de placement pour vous assurer que votre portefeuille reste aligné sur vos objectifs financiers à long terme.

5. Tenez-vous au courant des conditions du marché : Tenez-vous au courant des conditions actuelles du marché et de tout événement important qui pourrait avoir une incidence sur vos placements. Rester à jour sur les tendances et les nouvelles du marché

peut vous aider à prendre des décisions éclairées sur l'ajustement de votre portefeuille et à saisir de nouvelles occasions de placement.

6. Consultez un conseiller financier : Consultez régulièrement un conseiller financier pour discuter de votre portefeuille, de votre stratégie de placement et de tout ajustement nécessaire pour rester sur la bonne voie pour la liberté financière. Un conseiller financier peut fournir des idées, des conseils et des recommandations précieux en fonction de son expertise et de sa connaissance des marchés.

En surveillant et en ajustant régulièrement votre portefeuille, vous pouvez vous assurer que vos placements demeurent alignés sur vos objectifs financiers et votre tolérance au risque. Cette approche proactive vous aidera à rester sur la bonne voie pour atteindre la liberté financière grâce à un revenu passif et à maintenir le style de vie souhaité à long terme.

10.2 Naviguer dans les corrections et les krachs du marché

Les corrections et les krachs du marché peuvent être déstabilisants pour les investisseurs, mais ils font naturellement partie du cycle d'investissement. Savoir comment traverser ces périodes difficiles est crucial pour rester sur la bonne voie pour la liberté financière. Dans cette section, nous discuterons des stratégies pour gérer les corrections et les krachs du marché en toute confiance :

1. Maintenez une perspective à long terme : N'oubliez pas que l'investissement est une entreprise à long terme. Bien que les fluctuations à court terme du marché puissent être préoccupantes, le fait de vous concentrer sur vos objectifs financiers à long terme peut vous aider à rester engagé dans votre stratégie de placement et à éviter de prendre des décisions impulsives fondées sur des conditions de marché temporaires.

2. Diversifiez votre portefeuille : Un portefeuille bien diversifié peut aider à atténuer l'impact des corrections et des krachs du marché. En répartissant vos placements entre différentes catégories d'actifs, secteurs et régions, vous pouvez réduire le risque de pertes importantes en période de repli des marchés.

3. Tenez-vous-en à votre plan d'investissement : Les corrections et les krachs du marché peuvent susciter de fortes émotions, ce qui peut conduire à une prise de décision irrationnelle. Pour éviter de prendre des décisions impulsives, respectez votre plan d'investissement et maintenez votre répartition cible de l'actif, même dans des conditions de marché difficiles.

4. Évitez la vente de panique : La vente de vos placements pendant un ralentissement du marché peut bloquer les pertes et nuire à votre capacité de récupération lorsque le marché rebondit. Au lieu de vendre dans la panique, envisagez de maintenir vos investissements existants ou même de profiter de l'occasion pour acheter des placements de qualité à des prix inférieurs.

5. Achats périodiques par sommes fixes : Investir régulièrement un montant fixe, quelles que soient les conditions du marché, peut vous aider à naviguer dans les corrections et les krachs du marché. Cette stratégie, connue sous le nom de moyenne par sommes fixes, vous permet d'acheter plus d'actions lorsque les prix sont bas et moins d'actions lorsque les prix sont élevés, ce qui peut réduire votre coût d'investissement global.

6. Créez un fonds d'urgence : Avoir un fonds d'urgence suffisant peut vous aider à couvrir les dépenses imprévues sans avoir à vendre vos placements pendant un ralentissement du marché. Essayez d'avoir au moins 3 à 6 mois de frais de subsistance économisés dans un compte liquide et accessible.

7. Demandez conseil à un professionnel : Consultez un conseiller financier pendant les corrections de marché et les krachs pour obtenir des conseils sur la gestion de vos placements et sur la liberté financière. Ils peuvent vous fournir des conseils d'experts et vous aider à prendre des décisions éclairées en fonction de vos objectifs financiers et de votre tolérance au risque.

En mettant en œuvre ces stratégies, vous pouvez naviguer en toute confiance dans les corrections et les krachs du marché et maintenir vos progrès vers la liberté financière. N'oubliez pas que les replis du marché peuvent présenter de précieuses occasions d'investissement et qu'une approche disciplinée à long terme est essentielle à l'atteinte de vos objectifs financiers.

10.3 Se préparer à l'investissement de retraite

À l'approche de la retraite, votre stratégie de placement devrait évoluer pour refléter l'évolution de vos objectifs financiers et de votre tolérance au risque. Se préparer à investir dans la retraite implique de passer de l'accumulation de patrimoine à la préservation du capital et à la génération d'un revenu durable. Dans cette section, nous aborderons les principaux facteurs à prendre en considération pour préparer votre portefeuille à la retraite :

1. Réévaluez votre tolérance au risque : À l'approche de la retraite, votre tolérance au risque peut diminuer, car vous aurez moins de temps pour vous remettre des pertes de placement potentielles. Envisagez d'ajuster la répartition de l'actif de votre portefeuille pour refléter un profil de risque plus prudent, en mettant davantage l'accent sur les obligations et autres placements à revenu fixe.

2. Concentrez-vous sur la génération de revenus : À la retraite, votre portefeuille de placements devrait fournir un flux régulier de revenus pour couvrir vos frais de subsistance. Concentrez-vous sur les placements qui génèrent un revenu régulier, comme les actions, les obligations et les rentes versant des dividendes. Envisagez de réaffecter une partie de votre portefeuille à ces actifs générateurs de revenus.

3. Diversifiez vos sources de revenus : Compter sur une seule source de revenu à la retraite peut être risqué. Diversifiez vos sources de revenus en investissant dans une combinaison d'actions, d'obligations, d'immobilier et d'autres actifs productifs de revenus. Cela peut aider à assurer un flux de revenus plus stable et à réduire votre vulnérabilité aux fluctuations du marché.

4. Évaluer les rentes et les pensions : Les rentes et les pensions peuvent fournir un revenu garanti à vie, ce qui en fait des options attrayantes pour la planification de la retraite. Évaluez les avantages potentiels de l'achat d'une rente ou d'un placement dans un régime de retraite dans le cadre de votre stratégie de placement à la retraite.

5. Planifiez les distributions minimales requises (RMD): Si vous avez des comptes de retraite fiscalement avantageux, tels qu'un 401 (k) ou un IRA, soyez conscient des distributions minimales requises (RMD) que vous devrez prendre à partir de 72 ans. Élaborez un plan pour retirer ces fonds et les intégrer à votre stratégie de revenu de retraite.

6. Maintenir un fonds d'urgence : Même à la retraite, il est essentiel d'avoir un fonds d'urgence pour couvrir les dépenses imprévues. Essayez

d'économiser au moins 6 à 12 mois de frais de subsistance dans un compte liquide et accessible.

7. Surveillez et ajustez votre portefeuille : Examinez régulièrement votre portefeuille de placements pour vous assurer qu'il demeure aligné sur vos objectifs de retraite et votre tolérance au risque. Apportez les ajustements nécessaires pour maintenir votre répartition cible de l'actif et vous adapter aux conditions changeantes du marché.

8. Demandez conseil à un professionnel : Consultez un conseiller financier pour élaborer un plan de placement de retraite complet adapté à vos besoins et objectifs particuliers. Ils peuvent vous aider à prendre des décisions éclairées concernant votre portefeuille, la répartition de l'actif et les stratégies de revenu pour vous assurer d'être sur la bonne voie pour une retraite confortable.

En prenant ces mesures pour préparer votre portefeuille à la retraite, vous pouvez assurer une transition en douceur de l'accumulation de richesse à la génération de revenus et maintenir votre liberté financière tout au long de vos années dorées.

10.4 Rester informé et s'adapter aux changements du marché

Les marchés financiers sont en constante évolution, et rester informé et s'adapter à ces changements est crucial pour maintenir votre liberté financière. Dans cette section, nous discuterons des stratégies pour rester à jour sur l'évolution du marché et ajuster votre approche de placement au besoin :

1. Lisez régulièrement les nouvelles financières: Tenez-vous au courant des nouvelles et des développements du marché en lisant des publications financières réputées, telles que le Wall Street Journal, le Financial Times ou Bloomberg. Suivre les experts de l'industrie et les commentateurs financiers sur les médias sociaux peut également fournir des informations précieuses sur les tendances du marché et les opportunités d'investissement.

2. Assister à des séminaires et à des webinaires sur l'investissement : Participer à des séminaires, des webinaires et d'autres événements éducatifs pour se tenir au courant des stratégies d'investissement et de l'évolution du marché. De nombreuses institutions financières et organisations sectorielles offrent des ressources éducatives gratuites pour aider les investisseurs à rester informés et à prendre de

meilleures décisions d'investissement.

3. Réseautez avec d'autres investisseurs : Rejoindre des clubs d'investissement ou des forums en ligne peut offrir de précieuses occasions de se connecter avec d'autres investisseurs et d'apprendre de leurs expériences. Le partage de connaissances et d'idées avec des personnes partageant les mêmes idées peut vous aider à rester informé et à vous adapter plus efficacement aux changements du marché.

4. Surveillez vos placements : Examinez régulièrement le rendement de vos placements pour vous assurer qu'ils correspondent à vos objectifs financiers et à votre tolérance au risque. Soyez prêt à apporter des ajustements à votre portefeuille à mesure que les conditions du marché changent ou que vos objectifs financiers évoluent.

5. Évaluez les nouvelles opportunités d'investissement : Restez ouvert à l'exploration de nouvelles opportunités d'investissement et de nouvelles catégories d'actifs. À mesure que les conditions du marché changent, de nouvelles occasions de placement peuvent se présenter qui peuvent vous aider à diversifier votre portefeuille, à générer des revenus ou à tirer parti des tendances émergentes.

6. Passez en revue et ajustez votre stratégie de placement : Examinez périodiquement votre stratégie de placement pour vous assurer qu'elle convient toujours à vos objectifs financiers, à votre tolérance au risque et aux conditions actuelles du marché. Soyez prêt à ajuster votre stratégie au besoin pour vous adapter aux changements du marché et maintenir vos progrès vers la liberté financière.

7. Consultez un conseiller financier : Consultez régulièrement un conseiller financier pour discuter de votre stratégie de placement et de tout ajustement nécessaire en réponse aux changements du marché. Un conseiller financier peut fournir des informations et des recommandations précieuses basées sur son expertise et sa connaissance des marchés.

En restant informé et en vous adaptant aux changements du marché, vous pouvez prendre de meilleures décisions de placement et vous assurer que votre portefeuille reste aligné sur vos objectifs financiers. Adoptez une approche proactive de la gestion de vos placements et continuez d'apprendre à naviguer dans le paysage financier en constante évolution dans votre cheminement vers la liberté financière.

NOTES:

NOTES:

NOTES:

www.ingramcontent.com/pod-product-compliance
Lightning Source LLC
Chambersburg PA
CBHW060843220526
45466CB00003B/1215